SECOND EDITION

Horizons

Cahier d'activités écrites et orales

Joan H. Manley
University of Texas—El Paso

Stuart Smith
Austin Community College

John T. McMinn
Austin Community College

Marc A. Prévost
Austin Community College

HEINLE & HEINLE

THOMSON LEARNING

Australia   Canada   Mexico   Singapore   Spain   United Kingdom   United States

HEINLE & HEINLE
™
THOMSON LEARNING

Horizons
Second Edition
Cahier d'activités écrites et orales

Publisher: Wendy Nelson
Senior Production & Developmental Editor Supervisor: Esther Marshall
Marketing Manager: Jill Garrett
Associate Marketing Manager: Kristen Murphy-LoJacono
Production/Editorial Assistant: Diana Baczynskyj
Manufacturing Manager: Marcia Locke
Compositor & Project Manager: Christine Wilson, IBC
Cover Designer: Sue Gerould, Perspectives
Printer: Patterson Printing

ISBN: 0-8384-1374-9

Table des matières

Préface

The *Cahier d'activités écrites et orales* is divided into two parts. The *Cahier d'activités écrites* on pages 1–176 in the front of the workbook / lab manual, provides you an opportunity to develop your writing skills in French and to practice the vocabulary and grammatical structures that you learn in class. The *Cahier d'activités orales,* on pages 179–266 in the back of the workbook / lab manual, and the accompanying *Lab Audio CDs* give you the chance to improve your pronunciation and practice understanding spoken French. The *Cahier d'activités écrites et orales* supports the textbook directly. Except for the *Chapitre de révision,* there is a chapter in both the *Cahier d'activités écrites* and the *Cahier d'activités orales* with four *Compétences* corresponding to those in the textbook. You should always review all of the new words, phrases, and learning strategies or grammar rules presented in each *Compétence* in the *Horizons* textbook before beginning the corresponding section in either the *Cahier d'activités écrites* or the *Cahier d'activités orales.* Also remember that there are two sets of CDs that accompany *Horizons:* the *Text Audio CDs* and the *Lab Audio CDs.* The *Text Audio CDs* contain activities marked with a CD symbol in the textbook. Be sure that you have the *Lab Audio CDs* when working in the *Cahier d'activités orales.*

Writing the journal in the *Cahier d'activités écrites*

At the end of each *Compétence* in the *Cahier d'activités écrites,* you will write a journal entry. Each entry is a guided composition in which you combine all that you have learned in a global, communicative writing activity. As you begin each *Compétence* in class, look ahead in your workbook to see what you will be expected to communicate in written French after studying the vocabulary and the grammatical stuctures. This will help you stay focused on the real purpose of learning vocabulary and grammatical structures, which is communication. In class, note down expressions or sentences that you might need for your journal, and as you sit down to write your journal entry, reread the dialogues and readings in the chapter up to that point. This will give you examples of what to say. Try to be creative, but stick to what you know. Do not try to use vocabulary and structures that you have not yet studied in class, unless you feel confident that you understand them. If you do not have enough space to say all that you wish on the page in the workbook, you may write your journal entry on a separate sheet of paper.

Tips for success with the Lab Audio CDs

It takes time, patience, and practice to understand French spoken at a normal conversational speed. Do not be surprised if at first you find it difficult to understand sections on the *Lab Audio CDs.* Relax and listen to passages more than once. You will understand a little more each time. Remember that you will not always understand everything, and that for particular activities, you are only expected to understand enough to answer specific questions. Read through listening exercises prior to listening to the CDs so that you know what you are listening for. If you find that you do not have enough time to process and respond to a question before the next one is asked, take advantage of the pause or stop button on your CD player to give yourself more time. Most importantly, stay patient and remember that you can always replay any section and listen again.

Practice, patience, and persistence pay!

Cahier d'activités écrites

On commence!

COMPÉTENCE 1   *Greeting people*

At the end of each **Compétence** in the workbook, you will be asked to write a journal entry using the vocabulary and structures you have just practiced. The journal allows you to check whether you can combine all that you have studied to communicate in a real-life situation in French. By the time you finish this **Compétence,** you should be able to introduce yourself, meet others, ask how they are, and say good-bye.

A. Conversations.   Complete the following conversations logically by filling in the missing words. Base each conversation on the picture to the right.

— Bonjour, monsieur.

— Bonjour, _____ .

— Comment _____?

— Je m'appelle Henri Prévost. Et _____ ?

— Je _____ Hélène Cauvin.

— Bonsoir, monsieur.

— _____ , mademoiselle.

— Comment _____?

— Je vais très _____ , merci. Et vous?

— Assez _____ .

— Bonjour, je m'appelle Philippe. Et _____ ?

   Tu _____ comment?

— Je suis Danielle.

— Salut, Jean-Pierre.

— _____ , Micheline. _____ va?

— _____ va. Et _____ ? Comment ça va?

— _____ mal.

B. Très bien, merci!   How do you think these people would answer the question **Comment allez-vous?**

1   **2**   **3**   **4**

1. _____   3. _____

2. _____   4. _____

C. Qu'est-ce qu'on dit... ?   How might you say good-bye to . . .

1. your friends until tomorrow?

_____

2. someone you will see later in the day?

_____

3. a relative you will visit next month?

_____

D. Réponses.   Write a logical response to each of the following questions or statements.

1. Bonjour, monsieur / madame / mademoiselle.

_____

2. Bonsoir, monsieur / madame / mademoiselle.

_____

3. Comment vous appelez-vous?

_____

4. Tu t'appelles comment?

_____

5. Salut!

_____

6. Comment allez-vous?

_____

7. Comment ça va?

_____

8. Je vais très bien. Et vous?

_____

9. Au revoir!

_____

10. À demain!

_____

E. Bonjour! Now decide if each of these expressions is appropriate for a formal relationship, for an informal relationship, or for either type of relationship. Put a check in the appropriate column. The first one has been done for you.

	Formal	Informal	Either
1. Bonjour, monsieur.	√		
2. Bonsoir, mademoiselle.			
3. Comment vous appelez-vous?			
4. Tu t'appelles comment?			
5. Salut!			
6. Comment allez-vous?			
7. Comment ça va?			
8. Je vais très bien. Et vous?			
9. Au revoir!			
10. À demain!			

F. Les salutations familières. You might use the following phrases to talk to your instructor. What less formal expression could you use to address the student who sits next to you?

Exemple   Bonjour, monsieur.   →   **Salut, Marc.**

1. Comment vous appelez-vous?   →   _____

2. Comment allez-vous?   →   _____

3. Je vais bien. Et vous?   →   _____

G. Une conversation. Here is a conversation between two students on the first day of classes. Rewrite it in more formal French, such as between two business associates. You may use any last names you wish.

— Bonjour, je m'appelle Alice. Et toi, tu t'appelles comment?
— Salut! Je suis Alain. Comment ça va?
— Ça va bien. Et toi?
— Ça va assez bien.
— Au revoir! À demain!
— Au revoir!

_____

_____

_____

_____

_____

_____

_____

_____

Journal. Write both roles of a logical conversation in which you do the following. Be sure to use informal greetings.

* greet a classmate from your French class

* introduce yourself and ask his/her name

* ask how he/she is

* answer his/her questions about how you are

* say good-bye

VOUS *(YOU):* _____

L'ÉTUDIANT(E) (*THE STUDENT*): _____

VOUS: _____

L'ÉTUDIANT(E): _____

VOUS: _____

L'ÉTUDIANT(E): _____

VOUS: _____

L'ÉTUDIANT(E): _____

VOUS: _____

L'ÉTUDIANT(E): _____

COMPÉTENCE 2   *Counting and telling time*

By the time you write the journal entry at the end of this **Compétence,** you should be able to count from zero to thirty and tell the time of day.

A. C'est combien?   You are shopping in Quebec, where they use Canadian dollars. Give the price of the following items by spelling out the numbers.

1. Un sandwich, c'est _____ dollars.

2. Une calculatrice, c'est _____ dollars.

3. Un tee-shirt, c'est _____ dollars.

4. Une plante, c'est _____ dollars.

5. Une vidéocassette, c'est _____ dollars.

6. Un CD, c'est _____ dollars.

B. Problèmes de maths.   Complete the following math problems by filling in the missing numbers. (Remember to spell them out.)

1. 7 + 14 = 21

— Combien font _____ et _____ ?

— _____ et _____ font _____ .

2. 6 + 5 = 11

— Combien font _____ et _____ ?

— _____ et _____ font _____ .

3. 20 – 15 = 5

— Combien font _____ moins _____ ?

— _____ moins _____ font _____ .

4. 30 – 13 = 17

— Combien font _____ moins _____ ?

— _____ moins _____ font _____ .

C. Pays francophones. French is spoken in many countries around the world. Guess the populations (rounded to the nearest million) of these countries where French is spoken. Write out a number from the list in each blank. You can find these countries on the maps inside the front and back covers of the textbook. The correct populations are given at the bottom of the page.

3, 8, 10, 10, 11, 12, 16, 30, 31

Exemple le Canada: **trente et un** millions

1. la Belgique: _____ millions

2. le Burkina Faso: _____ millions

3. la Mauritanie: _____ millions

4. le Mali: _____ millions

5. le Sénégal: _____ millions

6. le Tchad: _____ millions

7. la Côte-d'Ivoire: _____ millions

8. l'Algérie: _____ millions

D. Quelle heure est-il? Write the time for each clock in complete sentences, spelling out all numbers.

Exemple **Il est une heure.**

1

2

3

4

1. _____

2. _____

3. _____

4. _____

5

6

7

5. _____

6. _____

7. _____

E. Vous êtes à la maison? Write sentences in French stating whether you are generally at home at the following times on Mondays.

Exemple   1:20 P.M.
    Je suis à la maison à une heure vingt de l'après-midi. /
    Je ne suis pas à la maison à une heure vingt de l'après-midi.

1. 9:10 A.M. _____

2. 4:45 P.M. _____

3. noon _____

4. 8:30 P.M. _____

5. 12:15 A.M. _____

6. 10:40 A.M. _____

F. À la télé. Here is a schedule of programs from a French television station with times given in official time. Tell a friend who does not know how to use official time what time the indicated programs start, using conversational time.

Exemple   *L'Équateur:* Ça *(That)* commence **à deux heures moins cinq.**

```
13:55  L'Équateur              18:00  Friends
14:50  En quête de preuves     18:30  Jag
15:45  Tiercé                  19:20  Mercredi c'est Julie
15:55  La chance aux chansons  19:45  Un gars, une fille
16:50  Des chiffres et des lettres  19:55  Loto
17:25  Qui est qui?            20:00  Journal - Météo
```

1. *En quête de preuves:* Ça commence _____ .

2. *La chance aux chansons:* Ça commence _____ .

3. *Des chiffres et des lettres:* Ça commence _____ .

4. *Qui est qui?:* Ça commence _____ .

5. *Friends:* Ça commence _____ .

6. *Mercredi c'est Julie:* Ça commence _____ .

7. *Un gars, une fille:* Ça commence _____ .

8. *Journal - Météo:* Ça commence _____ .

G. Avant ou après? Complete the following statements about your university with **avant, après,** or **à.**

1. La bibliothèque ouvre _____ sept heures du matin.

2. La bibliothèque ferme _____ minuit.

3. Le cours de français commence _____ midi.

4. Le cours de français finit _____ deux heures.

5. Je suis à la maison _____ cinq heures de l'après-midi aujourd'hui *(today).*

H. Le prochain cours.   Complete the following sentences with an appropriate time, describing the next day you have French class.

1. Je ne suis pas à la maison après _____.

2. Je suis en cours de _____ à

_____.

3. Le cours de français commence à _____ et finit à

_____.

4. Je suis à la maison après _____.

Journal.   Write a paragraph about a typical day that you go to French class. Include the following information.

- from what time to what time you are in classes
- what time the French class begins and ends
- from what time to what time you work
- after what time you are at home

_____

_____

_____

_____

_____

_____

_____

_____

_____

_____

_____

COMPÉTENCE 3   *Talking about yourself and your schedule*

By the time you write the journal entry at the end of this **Compétence,** you should be able to tell a little about yourself and describe your schedule.

A. Parce que...   Explain why the following people do what they do by choosing the logical completion for each sentence from the list and writing it in the blank.

... je travaille le soir.

... je suis canadien de Montréal.

... j'habite à Miami et ma famille parle espagnol.

... je suis étudiant à l'université du Colorado.

... j'habite avec trois camarades de chambre.

... je suis timide.

1. Je parle espagnol parce que _____

_____

2. Je ne suis pas à la maison après cinq heures de l'après-midi parce que _____

_____

3. J'habite à Boulder maintenant parce que _____

_____

4. Je ne parle pas beaucoup en cours parce que _____

_____

5. Je ne suis pas seule à la maison parce que _____

_____

6. Je parle anglais et français parce que _____

_____

B. Moi...   Complete the following sentences, providing information about yourself.

1. J'habite _____.

   Je n'habite pas _____.

2. Je suis _____.

   Je ne suis pas _____.

3. Avec mes *(my)* amis, je parle _____.

   Avec ma famille, je parle _____.

   En cours de français, je parle _____ aussi.

   Je pense que le français est _____.

C. Qui suis-je? Using the French actress Catherine Deneuve's description of herself as an example, tell how two famous Americans or Canadians would describe themselves. Have them say their name, their nationality, what city they are from, and what city they live in now.

Exemple   **Je m'appelle Catherine Deneuve. Je suis française. Je suis de Paris et j'habite à Paris maintenant.**

1. _____

_____

_____

2. _____

_____

_____

D. Une interview. Answer the following questions with complete sentences in French.

1. Comment vous appelez-vous?

_____

2. Vous êtes américain(e)?

_____

3. Vous habitez à Paris maintenant?

_____

4. Vous habitez seul(e)?

_____

5. Vous êtes de New York?

_____

6. Vous travaillez beaucoup?

_____

7. Vous parlez espagnol?

_____

8. Le français est difficile ou facile?

_____

9. Vous parlez beaucoup en cours?

_____

E. Mon emploi du temps.   In French, fill in the days of the week in the left column on the following daily planner. The first one has been done as an example.

le jour	le matin	l'après-midi	le soir
le lundi			

Now go back and indicate on the weekly planner when you work by writing in **Je travaille.** Also indicate when you are in class by writing **Je suis en cours.**

F. Et vous?   Complete the following sentences with the appropriate days. Remember to use **le** in numbers 3–8 to say that you do something on a particular day in general. If you do not work, leave numbers 4 and 5 blank.

1. Aujourd'hui, c'est _____.

2. Demain, c'est _____.

3. Je suis en cours de français _____.

4. Je travaille _____.

5. Je ne travaille pas _____.

6. Je ne suis pas en cours _____.

7. Je suis à la maison le matin _____.

8. Je ne suis pas à la maison le soir _____.

G. Des excursions.   While visiting France, you are taking some day trips **(excursions)** listed in your tourist guidebook. Answer the following questions about each trip with short answers.

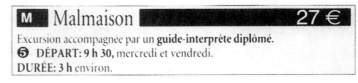

M Malmaison   27 €
Excursion accompagnée par un **guide-interprète diplômé.**
❺ DÉPART: **9 h 30,** mercredi et vendredi.
DURÉE: **3 h** environ.

1. L'excursion commence à quelle heure?

_____

2. Il y a *(There are)* des excursions pour *Malmaison* quels jours?

_____

3. Il y a des excursions pour *Cheverny* quels jours?

_____

_____

4. L'excursion commence à quelle heure?

_____

_____

5. L'excursion finit vers *(around)* quelle heure?

_____

_____

CL 1 Cheverny (journée entière) ▶ 99 €
Excursion accompagnée par un **guide-interprète diplômé.**
DÉPART: **7 h 15,** mardi, jeudi, samedi, dimanche. Déjeuner compris.
RETOUR: vers 19 h 30.

Journal. Write two paragraphs introducing yourself. Include the following information.

In paragraph 1, tell your name, where you are from originally, where you live now, and with whom you live.

In paragraph 2, tell which days you are in class and from what time to what time. Then say whether you work, where, which days, and from what time to what time.

_____

_____

_____

_____

_____

_____

_____

_____

_____

_____

_____

_____

_____

_____

COMPÉTENCE 4 *Communicating in class*

By the time you write the journal entry at the end of this *Compétence,* you should be able to spell words aloud, follow instructions in class, and ask your professor for clarification.

A. Les instructions en classe. What did the professor say to these students? Write the appropriate phrase from the list in the blank corresponding to the matching illustration.

Allez au tableau.
Écoutez la question.
Répondez à la question.
Écrivez la réponse en phrases complètes.

Ouvrez votre livre à la page 23.
Prenez une feuille de papier et un stylo.
Donnez-moi votre feuille de papier.
Fermez votre livre.

1

2

3

4

1. _____
2. _____
3. _____
4. _____

5

6

7

8

5. _____
6. _____
7. _____
8. _____

B. Des instructions logiques. Using vocabulary you have learned, list as many words as you can that logically complete the following commands.

Écoutez...

_____

_____

_____

_____

Lisez...

_____

_____

_____

_____

Ouvrez...

_____

_____

_____

_____

Prenez...

_____

_____

_____

_____

Écrivez...

_____

_____

_____

_____

Faites...

_____

_____

_____

_____

C. Les accents. In French, accents do not indicate stress. They may indicate how a word is pronounced, and sometimes the presence or absence of an accent changes a word's meaning entirely. For example, the word **ou** means *or,* whereas the accented word **où** means *where.* With the exception of the **cédille,** which occurs on the letter **c (ç),** you will find accents only on vowels.

An **accent circonflexe** (â, ê, î, ô, û) frequently indicates that an **s** has been dropped from the spelling of a word. Knowing this will help you recognize the meaning of more words. Can you guess what the following words mean in English by inserting an **s** after the vowel with the **accent circonflexe?** Write the English words in the blanks.

hôpital: _____   honnête: _____

hôtesse: _____   île: _____

forêt: _____   ancêtre: _____

hâte: _____   quête: _____

When writing in French, pay close attention to accents, since a misplaced accent may change the pronunciation or the meaning of a word. With practice, you will learn to determine where the accents should go on a word and how it should then be pronounced. In the meantime, learn accents as part of the spelling of words. To get started, recopy the following sentence, making sure to place the accents where they belong.

Ces enfants naïfs rêvent de dîner avec le président de la République française.

_____

D. Comment?   Using phrases learned in *Compétence 4,* tell or ask your professor the following.

1. Ask him/her how to say *book* in French.

_____

2. Ask him/her to repeat something.

_____

3. Tell him/her that you don't understand.

_____

4. Ask him/her what the word **prenez** means.

_____

5. Ask him/her how **prenez** is written.

_____

6. Tell him/her that you don't know the answer.

_____

E. Vous parlez anglais?   Someone asks you the following things. Respond to each question with a complete sentence in French.

1. Vous parlez anglais?

_____

2. Comment dit-on **exercice** en anglais?

_____

3. *Exercise* s'écrit avec un **c** ou avec un **s** en anglais?

_____

4. Je ne comprends pas **prochaine.** Qu'est-ce que ça veut dire en anglais?

_____

5. Est-ce que vous comprenez les mots **ouvrez** et **fermez**?

_____

6. Qu'est-ce que ça veut dire: **Fermez votre livre**?

_____

F. Ça s'écrit comment?   Explain to a student from France how to spell the English equivalents of the following French words.

Exemples   hôpital
            En anglais, *hospital,* ça s'écrit sans accent circonflexe et avec un *S.*

            biologie
            En anglais, *biology,* ça s'écrit avec un *Y.*

1. philosophie _____

2. mariage _____

3. forêt _____

4. intellectuel _____

5. adresse _____

Journal. Describe your French class **(le cours de français),** including the following information.

- what days the class meets
- what time the class starts
- what time it finishes
- whether the class is easy or difficult
- whether you understand a lot in class
- whether you talk a lot in class

_____

_____

_____

_____

_____

_____

_____

_____

_____

_____

_____

_____

_____

_____

_____

_____

_____

_____

_____

_____

À l'université

COMPÉTENCE 1   *Identifying people and describing appearance*

By the time you finish this ***Compétence,*** you should be able to identify friends and classmates and tell a little about them.

A. David et Annette.   Write new sentences about David using an antonym of the words in boldface.

Exemple   Il n'est pas **gros.**
            Il est mince.

1. Il n'est pas **vieux.**

_____

2. Il n'est pas **grand.**

_____

3. Il n'est pas **marié.**

_____

4. Il n'est pas **laid.**

_____

Annette is very similar to David. Rewrite the preceding pairs of sentences so that they describe her, as in the example. Be sure to use the feminine form of adjectives.

Exemple   **Elle n'est pas grosse. Elle est mince.**

1. _____

2. _____

3. _____

4. _____

B. *C'est* ou *il est / elle est*? Complete the following sentences about David, using **c'est** if you are identifying him and **il est** if you are describing him or saying where he is from.

Exemple   **Il est** français.

1. _____ un ami.   4. _____ de Nice.

2. _____ David.   5. _____ beau.

3. _____ petit.   6. _____ jeune.

Now change the preceding sentences so that they describe Annette.

Exemple   **Elle est américaine.**

1. _____   4. _____

2. _____   5. _____

3. _____   6. _____

C. Un autre étudiant. Answer a classmate's questions with complete sentences about yourself.

1. Tu es étudiant(e) à l'université de Nice?

_____

2. Tu es français(e)?

_____

3. Tu es d'où?

_____

4. Tu t'appelles comment?

_____

5. Tu es marié(e)?

_____

D. Décrivez-les bien! David is describing Annette and Yvette to his brother Jean. Complete his sentences with the appropriate form of the indicated adjective.

Annette et Yvette sont des sœurs _____. Elles ne sont
                                          (twin)

pas _____, elles sont _____.
         (Canadian)   *(American)*

Elles sont assez _____, _____ et _____.
                    (small / short)   *(young)*   *(beautiful)*

Elles ne sont pas _____. Elles sont _____.
                       (married)   *(single)*

Now Annette is describing David and his brother Jean to Yvette.

David n'est pas très _____, il est _____ et il est très
                                 (tall, big)   *(thin)*

_____. Il est _____ et il habite avec son *(his)* frère, Jean.
   (handsome)   *(French)*

Jean et David ne sont pas des frères _____. Jean est moins *(less)*
                                      (twin)

_____, mais il n'est pas _____.
  (young)   *(old)*

E. Cours d'été. As you read the following prospectus for French courses for foreign students at a French university, circle at least 20 cognates that you encounter. You are not expected to understand every word, but the cognates should help you understand a lot.

SESSION DE PRINTEMPS
Du 10 mai au 19 juin

Les étudiants et étudiantes doivent s'inscrire à un minimum de 6 crédits (équivalents d'un plein cours) jusqu'à un maximum de 12 crédits. Les cours de trois crédits suivants (en français ou en anglais selon le cas) sont offerts:

Archéologie de la Méditerranée

Histoire de l'art:
La Renaissance; L'art français du XXe siècle

Commerce (6 crédits):
Le commerce international

Écrivains anglais de la Méditerranée

Beaux-arts:
Le dessin; L'histoire du cinéma français

Français:
Le roman français moderne

Géographie:
L'Union européenne

Histoire du monde méditerranéen moderne

Introduction interdisciplinaire à la culture européenne de la période suivant la Renaissance

Musique et culture populaires

Science politique:
L'Union européenne

Français semi-intensif:
S'adresse aux étudiants qui désirent le suivre de concert avec un ou plusieurs cours offerts lors de la session de printemps.

Now use the cognates to help you find the following information.

1. What is the minimum number of credits a student can take? _____

2. What is the maximum? _____

3. What courses could you recommend for . . .

    someone interested in history? _____

    someone interested in art? _____

    someone interested in music? _____

4. What course interests you the most?

_____

F. Les mots apparentés. Guess the meaning of each boldfaced cognate, writing your answer in the blank.

1. Je comprends **généralement.** _____

2. **Normalement,** le cours de français est facile. _____

3. Les examens sont **probablement** difficiles. _____

4. Je suis **frustré(e).** _____

5. Je suis **fatigué(e).** _____

Now go back and circle the numbers of those preceding statements that are true for you in your French class.

G. Voilà ce qui arrive. Reread the story on pages 34–35 of the textbook. Then complete the paragraph, using the following choices.

Annette / suis / Vous ne comprenez pas / arrive / comprend / la situation /
elle ne parle pas / pense / des sœurs jumelles / sauvée

David _____ au Musée archéologique et il voit Yvette. Il dit: «Salut,

Annette» parce qu'il _____ que c'est son amie Annette. Yvette

répond avec difficulté parce qu'_____ très bien français.

Elle dit: « _____. Je ne suis pas

Annette. Je _____ Yvette.» David ne _____

pas. Finalement, _____ arrive et Yvette est

_____. David comprend _____.

Annette et Yvette sont _____.

Journal. Using what you have learned in this *Compétence,* write five sentences introducing and telling something about a classmate from your French class. You may start your paragraph with:

C'est mon ami(e)... Nous sommes dans le même cours de français. Il/Elle est...

_____

_____

_____

_____

_____

_____

COMPÉTENCE 2   *Describing personality*

By the time you finish this **Compétence**, you should be able to describe a person's personality and compare two individuals.

A. Qui est-ce?   Decide which person (or set of people) from each pair of drawings is best described by each of the following adjectives. Then translate each adjective into French and write a sentence, as in the example.

Exemple   *(active)* **André est dynamique.**

Éric ou André?

Éric

1. *(lazy)* _____

2. *(fun)* _____

3. *(boring)* _____

4. *(athletic)* _____

5. *(unpleasant)* _____

6. *(pessimistic)* _____

André

Monique ou Isabelle?

Monique

7. *(mean)* _____

8. *(nice)* _____

9. *(shy)* _____

10. *(young)* _____

11. *(divorced)* _____

12. *(little)* _____

13. *(big)* _____

Isabelle

André et Rosalie ou Annette et Yvette?

André et Rosalie

14. *(young)* _____

15. *(old)* _____

16. *(married)* _____

17. *(single)* _____

18. *(beautiful)* _____

19. *(French)* _____

Annette et Yvette

B. Astérix et Obélix. First impressions can be misleading, but what impressions do these pictures give you of the famous French comic characters **Astérix** and **Obélix?** Complete the following comparisons with appropriate adjectives.

Astérix

Obélix

optimiste / pessimiste / dynamique / paresseux / vieux / jeune / beau / laid
gros / mince / grand / petit / timide / extraverti / bête / intelligent

Exemple   Astérix est plus **petit** qu'Obélix.

1. Astérix est plus _____ qu'Obélix.

2. Obélix est plus _____ qu'Astérix.

3. Astérix est moins _____ qu'Obélix.

4. Obélix est moins _____ qu'Astérix.

5. Astérix est aussi _____ qu'Obélix.

6. Obélix est aussi _____ qu'Astérix.

C. Meilleurs amis. Write four sentences describing personality traits that you have in common with your best friend.

Exemple   **Mon meilleur ami (Ma meilleure amie) et moi, nous sommes optimistes.**

1. _____

2. _____

3. _____

4. _____

Now write four sentences explaining how your friend differs from you.

Exemples   **Mon meilleur ami (Ma meilleure amie) est plus extraverti(e).**
                 Il/Elle est moins intellectuel(le).

1. _____

2. _____

3. _____

4. _____

D. Quel pronom? Write sentences describing the following people with the appropriate subject pronoun, a form of **être**, and one or two adjectives.

Exemple   your best female friend
        Elle est belle et très intelligente.

1. your best male friend

_____

2. you

_____

3. you and your family

_____

4. your French professor

_____

E. Une présentation.   David is introducing Annette to a friend. Complete their conversation with the correct form of **être.**

DAVID: Thomas, c'_____ mon amie Annette Clark. Annette, c'_____ mon ami

Thomas. Il _____ aussi étudiant à l'université de Nice. Nous _____

dans le même cours de mathématiques.

THOMAS: Bonjour, Annette!

ANNETTE: Bonjour, Thomas!

THOMAS: Tu _____ étudiante?

ANNETTE: Oui, je _____ à Nice pour étudier.

Et toi, tu _____ de Nice?

THOMAS: Oui, je _____ d'ici.

Now imagine that David is introducing both Annette and Yvette to two friends, Thomas and Gisèle. Complete the following conversation, making all necessary changes.

DAVID: Thomas, Gisèle, ce _____ mes amies Annette et Yvette Clark. Annette

et Yvette, ce _____ mes amis Thomas et Gisèle. Ils _____ aussi

étudiants à l'université de Nice. Nous _____ dans le même cours

de mathématiques.

THOMAS ET GISÈLE: Bonjour!

ANNETTE ET YVETTE: Bonjour!

THOMAS: Vous _____ étudiantes?

ANNETTE: Moi, je _____ à Nice pour étudier mais Yvette n'_____ pas

étudiante. Et vous, vous _____ de Nice?

THOMAS: Oui, nous _____ d'ici.

F. Questions. In the first blank, rephrase each question about your best friend, using **est-ce que.** Select the appropriate subject pronoun and adjective form. Then answer each question with a complete sentence.

Exemple   Il/Elle est étudiant(e)?
         — Est-ce qu'elle est étudiante?
         — Non, elle n'est pas étudiante.

1. Il/Elle travaille?

— _____

— _____

2. Il/Elle est marié(e), fiancé(e), divorcé(e) ou célibataire?

— _____

— _____

3. Il/Elle parle français?

— _____

— _____

4. Vous êtes camarades de chambre?

— _____

— _____

Journal. Imagine that you are looking through your photo album with a classmate and you come across pictures of two of your close friends. Using what you have learned in this *Compétence* and your journal entry for *Compétence 1,* write a paragraph identifying them and describing and comparing their personalities for at least five traits.

Exemple   **Ce sont mes amis André et Sophie. André est étudiant à l'université mais Sophie n'est pas étudiante. Ils sont très sympas mais André est un peu pessimiste. Sophie est beaucoup plus optimiste. Sophie est très intelligente. André est intelligent aussi mais il est un peu paresseux...**

_____

_____

_____

_____

_____

_____

_____

_____

_____

COMPÉTENCE 3   *Describing the university area*

By the time you finish this **Compétence,** you should be able to describe your campus and tell what's in the surrounding neighborhood.

A. Qu'est-ce que c'est?   Identify the following places or things using **c'est** or **ce sont.**

Exemple   C'est un cinéma.

1

2

3

4

5

6

7

8

9

10

1. _____   6. _____

2. _____   7. _____

3. _____   8. _____

4. _____   9. _____

5. _____   10. _____

B. À l'université. Name at least four things you can find in these places. Be sure to use the correct form of the indefinite article (**un, une, des**).

1. Sur le campus, il y a _____

_____ .

2. Dans le quartier universitaire, il y a _____

_____ .

Now name one thing that is not in each place. Remember that after **ne... pas,** the articles **un, une,** and **des** become **de.**

1. Sur le campus, il n'y a pas _____ .

2. Dans le quartier universitaire, il n'y a pas _____ .

C. Près de l'université. According to these individuals' leisure activities and preferences, what sort of place might they ask about? Write logical questions with the names of places where you would find the italicized nouns.

Exemple   J'aime beaucoup *les hamburgers*.
         Est-ce qu'il y a un fast-food près de l'université?

1. J'aime beaucoup *les films étrangers*.

_____

2. J'aime beaucoup *l'exercice aérobic*.

_____

3. J'aime beaucoup *les livres*.

_____

4. J'aime beaucoup *le cappuccino*.

_____

D. Combien? Say how many of the following things there are on campus or in the neighborhood around your university.

beaucoup de / assez de / quelques / ne… pas beaucoup de / ne… pas assez de / ne… pas de

Exemple   *(old buildings)*
         Il y a beaucoup de vieux bâtiments dans le quartier. /
         Il y a quelques vieux bâtiments dans le quartier. /
         Il n'y a pas de vieux bâtiments dans le quartier.

1. *(trees)* _____

2. *(new buildings)* _____

3. *(foreign films)* _____

4. *(dormitories)* _____

5. *(rock concerts)* _____

6. *(bookstores)* _____

E. Descriptions.   Review the thirteen adjectives that are generally placed before the noun on page 46 of the textbook. Then write sentences saying whether each adjective in parentheses describes each noun, paying attention to the adjectives' placement and form. Remember that **un, une,** and **des** do *not* change to **de** after **être** when it is negated.

Exemple   une ville (grand, américain, canadien)
C'est une grande ville.
Ce n'est pas une ville américaine.
C'est une ville canadienne.

1. un quartier (vieux, moderne, agréable)

_____

_____

_____

_____

2. une maison (beau, nouveau, agréable, petit)

_____

_____

_____

_____

3. un homme (grand, vieux, beau, marié)

_____

_____

_____

_____

F. Quelques questions.   Complete the following questions about your campus area by placing the given adjective in the blank before or after the noun. Finally, answer each question with a complete sentence.

1. (universitaire) Il y a beaucoup de parkings dans le _____ quartier _____?

_____

2. (joli) Est-ce qu'il y a un _____ parc _____ avec beaucoup d'arbres près de l'université?

_____

3. (populaire) Est-ce qu'il y a des concerts de _____ musique _____ sur le campus?

_____

4. (américain) Est-ce qu'il y a un match de _____ football _____ à l'université samedi prochain?

_____

5. **(grand / normale)** Est-ce que le cours de français est dans un _____

amphithéâtre _____ ou dans une _____ salle de classe

_____?

_____

6. **(nouveaux / vieux)** Est-ce qu'il y a plus de _____ bâtiments

_____ ou plus de _____ bâtiments _____

sur le campus?

_____

7. **(moderne / vieille)** Vous aimez *(Do you like)* habiter dans une _____

maison _____ ou dans une _____ maison _____?

_____

8. **(bon)** Est-ce qu'il y a un _____ restaurant _____ près de

l'université?

_____

Journal. Write a journal entry describing your campus and the surrounding neighborhood. In your composition, answer the following questions. Use a separate sheet of paper, if necessary.

- Est-ce que vous aimez *(Do you like)* le campus?
- Qu'est-ce qu'il y a sur le campus?
- Qu'est-ce que vous aimez sur le campus? Qu'est-ce que vous n'aimez pas?
- Comment sont les endroits *(places)* sur le campus?
- Comment est le quartier universitaire?
- Qu'est-ce qu'il y a dans le quartier universitaire?
- Qu'est-ce que vous aimez dans le quartier? Qu'est-ce que vous n'aimez pas?

_____

_____

_____

_____

_____

_____

_____

_____

_____

_____

_____

COMPÉTENCE 4   *Talking about your studies*

By the time you finish this **Compétence,** you should be able to describe the campus and courses at your university.

A. Préférences.   Express your feelings about these courses, activities, and places at your university by writing them in the appropriate category.

le français / les mathématiques / l'histoire / la chimie / les sciences politiques / les cours de commerce / la biologie / les cours à huit heures du matin / les matchs de basket / les boums / le campus / les devoirs / les examens / la bibliothèque / les étudiants / les matchs de football américain

♥ ♥ ♥ ♥ ♥ ♥ ♥ ♥ ♥ ♥ ♥ ♥ ♥ ♥ ♥ ♥ ♥ ♥ ♥ ♥♥♥

J'aime beaucoup...   **J'aime assez...**   **Je n'aime pas...**

_____   _____   _____
_____   _____   _____
_____   _____   _____
_____   _____   _____
_____   _____   _____
_____   _____   _____

B. Comparaisons.   Compare the following things for the quality indicated in parentheses. Do not forget to use a plural verb form with plural subjects.

Exemple   le français / les mathématiques (difficile)
Le français est plus / moins / aussi difficile que les mathématiques.

1. la biologie / la chimie (facile)

_____

2. la physique / la psychologie (intéressante)

_____

3. l'histoire / l'informatique (difficile)

_____

4. les matchs de football américain / les matchs de basket (amusants)

_____

5. les boums / les devoirs (ennuyeuses)

_____

C. Mon université. Complete these questions about your university by filling in the correct form of the definite article: **le, la, l'**, or **les.**

1. _____ université est grande?   4. _____ campus est agréable?

2. _____ cours sont faciles?   5. _____ bibliothèque est moderne?

3. _____ professeurs sont sympathiques? 6. _____ étudiants sont intelligents?

Now answer each question, using the appropriate pronoun **il, elle, ils,** or **elles** to replace the subject noun. The first one has been done as an example.

1. <u>**Oui, elle est grande. / Non, elle n'est pas grande. / Non, elle est petite.**</u>

2. _____

3. _____

4. _____

5. _____

6. _____

D. Deux universités. Look at the illustrations and decide whether each statement is more true **à l'université Victor Hugo** or **à l'université La Fontaine.**

l'université
Victor Hugo

l'université
La Fontaine

Exemple   Le campus est grand.
          Le campus est plus grand à l'université La Fontaine.

1. La bibliothèque est grande.

_____

2. Les étudiants sont sympathiques.

_____

3. Le campus est beau.

_____

4. Le sport est important.

_____

5. Le campus est agréable.

_____

E. Des questions. You are thinking about attending one of the universities pictured on the preceding page. Using **est-ce que,** write questions asking . . .

Exemple   whether the courses are difficult
Est-ce que les cours sont difficiles?

1. whether the library is pleasant

_____

2. whether the language lab is modern

_____

3. whether the professors are young

_____

4. whether the residence hall is pleasant

_____

5. whether the parties at the university are fun

_____

F. Quel article?   Complete each question with the correct form of the definite article **(le, la, l', les)** or the indefinite article **(un, une, des).** Then answer each question with a complete sentence.

1. Est-ce qu' il y a _____ examen au prochain *(next)* cours de français?

_____

2. Est-ce que _____ examens de français sont faciles ou difficiles?

_____

3. Est-ce qu'il y a _____ devoirs pour _____ prochain cours de français?

_____

4. Est-ce que _____ devoirs sont dans _____ cahier ou dans _____ livre?

_____

G. Qui est-ce?   On the next page, write sentences describing the following people, using **c'est, ce sont, il/elle est,** or **ils/elles sont** with the indicated words.

Exemple

une famille / américains /
à la maison / sympas

1

une jeune étudiante /
en classe / très intelligente /
dynamique

2

David et Annette /
étudiants /
à Nice

Exemple   C'est une famille. Ils sont américains. Ils sont à la maison. Ils sont sympas.

1. _____

_____

2. _____

_____

Journal. Write a journal entry describing your courses this semester. Answer the following questions in your composition.

- Qu'est-ce que vous étudiez?
- Quels jours et de quelle heure à quelle heure est-ce que vous êtes en cours?
- Quels cours est-ce que vous aimez? Quels cours est-ce que vous n'aimez pas?
- Comment sont les cours?
- Comment sont les professeurs et les étudiants?

_____

_____

_____

_____

_____

_____

_____

_____

_____

_____

_____

_____

_____

CHAPITRE

2

Après les cours

COMPÉTENCE 1   *Saying what you like to do*

By the time you finish this *Compétence*, you should be able to tell how you spend your free time and invite a friend to do something.

A. Est-ce que vous aimez… ?   Look at the following pictures and say whether you like doing the things shown. Start each sentence with **J'aime…** or **Je n'aime pas…**

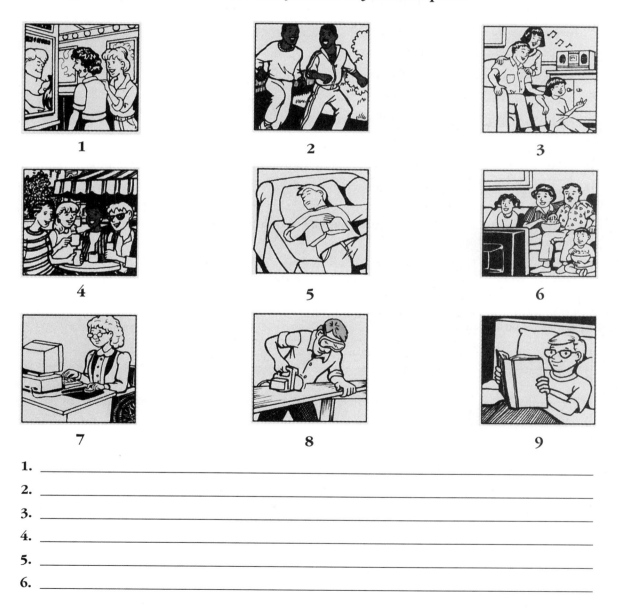

1   2   3

4   5   6

7   8   9

1. _____
2. _____
3. _____
4. _____
5. _____
6. _____

7. _____

8. _____

9. _____

B. Quel verbe?   Fill in each blank on the left with a logical infinitive. Then indicate your feelings about each activity by placing a check in the appropriate column on the right.

		J'aime bien. C'est amusant / intéressant.	Je n'aime pas. C'est ennuyeux.
Exemple	**dîner** au restaurant	√	_____
1. _____ au cinéma		_____	_____
2. _____ un verre avec des amis		_____	_____
3. _____ le Net		_____	_____
4. _____ la radio		_____	_____
5. _____ au tennis		_____	_____
6. _____ de la guitare		_____	_____
7. _____ du jogging		_____	_____
8. _____ au téléphone		_____	_____
9. _____ sur l'ordinateur		_____	_____

C. Voudriez-vous… ?   Say that you would like to do the following activities or say that you prefer to do something else.

Exemple   rester à la maison ce soir
Je voudrais bien rester à la maison ce soir. /
Je préfère aller au cinéma ce soir.

1. jouer au basket demain

_____

2. faire les devoirs après les cours

_____

3. aller danser en boîte ce week-end

_____

4. dîner au restaurant demain soir

_____

5. regarder la télé ce soir

_____

D. Projets.   Choose four activities you would like to do during your free time this week. Indicate with whom, on what day, and at what time you want to do each.

Activité	Avec qui *(whom)?*	Quel jour?	À quelle heure?
Exemple			
aller au cinéma	avec Kim	samedi soir	à 8h
_____	_____	_____	_____
_____	_____	_____	_____
_____	_____	_____	_____
_____	_____	_____	_____

E. On sort?   Choose two of the activities you listed in **D. Projets** and write a conversation for each in which you invite the person in question to go out, as in the example.

Exemple

aller au cinéma   avec Kim   samedi soir   à 8h

— **Kim, tu es libre samedi soir? Tu voudrais aller au cinéma avec moi?**
— **Oui, je voudrais bien. Vers quelle heure?**
— **Vers huit heures, d'accord?**
— **D'accord. À samedi.**
— **Au revoir!**

1. _____

_____

_____

_____

_____

_____

2. _____

_____

_____

_____

_____

_____

F. Et vous? A friend is making plans with you for this weekend. Answer his or her questions with complete sentences.

1. Est-ce que tu préfères sortir vendredi soir ou samedi soir?

_____

2. Est-ce que tu voudrais aller au cinéma, au restaurant ou en boîte?

_____

3. Vers quelle heure est-ce que tu voudrais sortir?

_____

4. Qui *(Whom)* est-ce que tu voudrais inviter?

_____

Journal. Using what you have learned in this *Compétence,* write a paragraph describing what you like to do before and after class (**avant les cours, après les cours**) each day you have class.

Exemple   **Le lundi, j'aime faire les devoirs avant les cours. Après les cours, j'aime... Le mardi, j'aime...**

_____

_____

_____

_____

_____

_____

_____

_____

_____

_____

_____

_____

_____

Nom _____   Date _____

COMPÉTENCE 2   *Saying how you spend your free time*

By the time you finish this **Compétence,** you should be able to tell what you and those around you do regularly.

A. Talents et connaissances. Are you musical or athletic? How well do you do the following things?

  très bien / assez bien / comme ci comme ça / assez mal / très mal

Exemple   **Je joue assez bien (assez mal) au volley. /**
Je joue au volley comme ci comme ça. /
Je ne joue pas au volley.

1

2

3

4

5

6

1. _____

2. _____

3. _____

4. _____

5. _____

6. _____

B. Chacun ses goûts. What do the following people like to do in their free time? Remember to conjugate only the verb **aimer.**

Exemple   Moi, j'**aime beaucoup lire.**

1. Mes amis _____ .

2. Moi, j' _____ .

3. Mon meilleur ami _____.

4. Dans ma famille, nous _____.

C. Un sondage. Say how often the following people do the indicated things, choosing one of the options provided. Write complete sentences and remember to conjugate the verb! The verbs in **5, 6,** and **7** have spelling changes, as explained on page 76 of the textbook.

toujours / souvent / quelquefois / rarement / ne… jamais

Exemple   moi, je / jouer au golf le week-end
          Moi, je joue *rarement* au golf le week-end.

1. mes amis / regarder la télévision le week-end

_____

2. moi, je (j') / écouter la radio le week-end

_____

3. ma meilleure amie / inviter des amis à la maison le week-end

_____

4. les étudiants de l'université / travailler le week-end

_____

5. en cours de français, les étudiants / répéter après le prof

_____

6. nous / commencer à l'heure *(on time)*

_____

7. nous / manger en cours

_____

D. Et vous?   Use the adverbs given below and the verbs listed here to make statements about yourself.

parler anglais/français/??? / bricoler / chanter / danser / travailler /
jouer au tennis/au golf/au ??? / jouer du piano/de la guitare/de la batterie /
inviter des amis à la maison / rester à la maison / écouter la radio / ???

Exemple   *fairly well:* **Je joue assez bien au tennis.**

1. *fairly well:* _____

2. *often:* _____

3. *never:* _____

4. *sometimes:* _____

5. *fairly badly:* _____

E. La famille d'Annette. Annette is talking to a new friend about her family. Complete her statements with the correct conjugated form of the verb in parentheses.

Ma famille _____ (habiter) à Los Angeles. Mon père *(father)* et ma mère

(mother) _____ (être) à la retraite *(retired)*. Ils ne _____

(travailler) pas. Mon père _____ (rester) souvent à la maison. Il

_____ (regarder) la télé et il _____ (bricoler). Ma mère

préfère sortir et elle _____ (inviter) souvent des amies à la maison. Elles

_____ (parler) et elles _____ (jouer) au bridge. Ma mère

_____ (aimer) la musique. Elle _____ (danser) et elle

_____ (chanter) très bien. Ma sœur Yvette _____ (travailler)

dans un club de gym. Elle _____ (aimer) beaucoup le sport et elle

_____ (jouer) très bien au tennis.

Moi, j'_____ (habiter) à Nice maintenant parce que

j'_____ (étudier) à l'université de Nice. Yvette _____ (être)

ici à Nice maintenant. Nous _____ (aimer) être ensemble *(together)*. Le soir,

nous _____ (dîner) ensemble et après nous _____ (inviter)

des amis à sortir.

F. Et toi? Complete the questions so that a classmate could ask them of you. Then answer each question in the space provided. Be careful, not all the verbs need to be conjugated!

1. Qu'est-ce que tu _____ (étudier)?

_____

2. Tu _____ (être) plutôt intellectuel(le) ou plutôt sportif (sportive)?

_____

3. Est-ce que tu _____ (aimer) lire?

_____

4. Qu'est-ce que tu aimes _____ (faire) après les cours?

_____

5. Tes amis et toi, vous _____ (aimer) sortir ensemble *(together)*?

_____

6. Vous _____ (dîner) souvent ensemble?

_____

In questions 7, 8, and 9, the verbs have spelling changes, as explained on page 76 of the textbook.

7. Qu'est-ce que tu _____ (préférer) faire quand *(when)* tu es seul(e) à la maison?

_____

8. Dans votre *(your)* famille, est-ce que vous _____ (manger) souvent ensemble?

_____

9. Vous _____ (voyager) quelquefois ensemble?

_____

Journal. Using what you have learned in this *Compétence,* write a paragraph describing how you typically spend your time on the weekend.

Exemple   **Le vendredi soir, je reste souvent à la maison parce que je suis fatigué(e) *(tired).* Quelquefois, j'aime sortir avec des amis. Le samedi matin...**

_____
_____
_____
_____
_____
_____
_____
_____
_____
_____
_____
_____
_____
_____
_____
_____

COMPÉTENCE 3   *Asking about someone's day*

By the time you finish this **Compétence,** you should be able to ask how people typically spend their day and tell how you spend yours.

A. Et vous? Answer the questions about your schedule with complete sentences by selecting the most appropriate response from the list.

Exemple   Quand est-ce que vous êtes à l'université?
Je suis à l'université tous les jours sauf le week-end.

tous les jours (sauf…) / le lundi, le mardi… / le week-end / de… heures à… heures /
le matin / l'après-midi / le soir / toute la journée / ???

1. Quand êtes-vous en cours?

_____

2. Quand est-ce que vous passez beaucoup de temps à la maison?

_____

3. Quand préparez-vous les cours?

_____

chez moi / chez mon ami(e)… / au restaurant (universitaire) / à la résidence /
dans un fast-food / au café / à la bibliothèque / ???

4. Où aimez-vous mieux préparer les cours?

_____

5. Où est-ce que vous déjeunez le plus souvent?

_____

seul(e) / avec ma famille / avec mon ami(e)… / ???

6. Avec qui est-ce que vous aimez préparer les cours?

_____

7. Avec qui déjeunez-vous généralement?

_____

8. Avec qui passez-vous beaucoup de temps?

_____

B. Une lettre. Annette is writing to her former French teacher in California about her new experiences in Nice. Complete her statements with the correct form of the indicated verb. Pay attention to the verbs with spelling changes.

Chère Madame Filloux,

Je _____ (être) très contente ici à Nice. J'_____ (aimer)

beaucoup mes cours et l'université. Les étudiants _____ (être) sympas et les

cours _____ (être) intéressants. Je _____ (être) à l'univer-

sité tous les jours sauf le week-end. Le matin, je _____ (préparer) mes

cours à la bibliothèque. Je _____ (préférer) travailler avec une amie.

Nous _____ (commencer) à travailler vers neuf heures et l'après-midi, je

_____ (être) en cours. Je ne _____ (passer) pas tout

mon temps *(all my time)* à l'université, bien sûr *(of course)*. J'_____ (aimer)

sortir avec mes amis Gisèle, Thomas et David. Nous _____ (aimer) aller

au cinéma et nous _____ (manger) souvent ensemble. Quelquefois, nous

_____ (déjeuner) ensemble dans un fast-food et d'autres fois *(other times)*

nous _____ (dîner) ensemble au restaurant. J'_____

(aimer) mieux aller au restaurant! Yvette _____ (être) ici et nous

_____ (passer) beaucoup de temps ensemble. Elle _____

(être) très sportive et elle _____ (aimer) beaucoup jouer au tennis. Moi, je

n'aime pas beaucoup jouer avec elle parce qu'elle _____ (gagner)

toujours. Quelquefois, nous _____ (voyager) le week-end pour

voir un peu la France.

   Amitiés,

   Annette Clark

Now complete the following questions by translating the question words in parentheses. Then answer each question according to what Annette says in the preceding letter.

1. _____ *(How)* sont les étudiants et les cours?

   _____

2. _____ *(When)* est-ce qu'Annette est à l'université?

   _____

3. _____ *(With whom)* est-ce qu'Annette aime sortir?

   _____

4. _____ (*What*) est-ce qu'ils aiment faire ensemble?

_____

5. _____ (*Where*) est-ce qu'Annette préfère manger?

_____

6. _____ (*Why*) est-ce qu'Annette n'aime pas jouer au tennis avec Yvette?

_____

7. _____ (*When*) est-ce qu'Annette et Yvette voyagent quelquefois?

_____

C. La partie de tennis.   David and Annette are watching Michel and Yvette play tennis. Complete the passage with the correct forms of the verbs in parentheses.

Samedi, David et Annette _____ (regarder) Michel et

Yvette jouer au tennis. Michel _____ (jouer) bien, mais

Yvette _____ (jouer) encore mieux et elle

_____ (gagner) la partie en deux sets, 6–4 et 6–3. Après la partie de tennis,

Michel _____ (inviter) ses (*his*) amis à aller au restaurant.

MICHEL: Qu'est-ce que vous _____ (préférer)? Est-ce que vous

_____ (aimer) la cuisine italienne?

YVETTE: Oh oui, j' _____ (aimer) beaucoup les spaghetti.

ANNETTE: Moi aussi, mais je ne _____ (être) pas libre cet après-midi.

Now write questions using inversion with the following subjects and verbs. Then answer each question according to the preceding conversation.

Exemple   Yvette / gagner la partie de tennis
            — **Yvette gagne-t-elle la partie de tennis?**
            — **Oui, Yvette gagne.**

1. Annette / jouer au tennis avec Yvette et Michel

— _____

— _____

2. Michel / inviter ses (*his*) amis au restaurant ou à son (*his*) appartement

— _____

— _____

3. Annette et Yvette / aimer la cuisine italienne

— _____

— _____

4. Annette / accepter l'invitation au restaurant

— _____

— _____

5. Annette / être libre cet après-midi

— _____

— _____

Journal. Using what you have learned in this *Compétence,* write a paragraph describing your day-to-day activities during the week, saying when and where you do these things. You may wish to use your answers to *A. Et vous?* as a guide, adding more details.

_____

_____

_____

_____

_____

_____

_____

_____

_____

_____

_____

_____

_____

_____

_____

_____

C O M P É T E N C E 4   *Going to the café*

By the time you finish this **Compétence,** you should be able to say what you like to eat and drink at a café.

A. Je voudrais un/une/des… / Non, je n'aime pas le/la/l'/les…   Look at the following pictures and say that you would like to have the item shown (**Je voudrais un/une/des…**) or that you do not like it (**Non, je n'aime pas le/la/l'/les …**). Remember to use **un, une,** or **des** to indicate that you would like a serving of something, but **le, la, l',** or **les** to say you like or dislike something in general.

Exemple   **Je voudrais un café. / Je n'aime pas le café.**

1   2   3   4   5   6   7

1. _____

2. _____

3. _____

4. _____

5. _____

6. _____

7. _____

B. Vos préférences.   A friend wants to know what you like to eat and drink. Answer her questions. To say *I have* a certain food or drink, use **Je prends… (Le matin, je prends un café.)** Remember to use **un, une,** or **des** to say *a* or *some* with **je prends.** Use **le, la, l',** or **les** after verbs indicating likes or preferences (**J'aime le café. Je préfère le thé.**)

1. Est-ce que tu aimes le café?

_____

2. Est-ce que tu aimes mieux le café ou le thé?

_____

3. Est-ce que tu prends un café le matin d'habitude?

_____

4. Est-ce que tu préfères le coca ou l'eau minérale?

_____

5. Est-ce que tu prends souvent un coca au déjeuner *(at lunch)*?

_____

6. Qu'est-ce que tu prends quand tu déjeunes dans un fast-food: un sandwich? un hamburger? une salade? des frites? un coca?

_____

7. Quelles boissons est-ce que tu n'aimes pas?

_____

C. Le café. The café is perhaps the most enduring of images associated with France. Even so, as you will find when you read this short passage, this French institution has undergone a great change in the past century. First, skim the article to find at least two cognates ending in *-é* where English would have *-ed*. Write the cognates in the blanks on the left. Then write their English equivalents in the blanks on the right.

1. _____   _____

2. _____   _____

Now read the article and put an X next to the best answer(s) to the questions that follow.

Les derniers cafés où l'on cause

Il ne reste plus en France que 70 000 cafés, contre 107 000 en 1980, 200 000 en 1960 et plus de 500 000 en 1910. On peut distinguer trois causes à ces disparitions: le déplacement d'une partie de la population des centres-villes vers **les banlieues** où la densité des cafés est moins élevée, la crise économique qui a touché certaines régions et surtout le changement d'attitude à l'égard des loisirs. Le temps passé au café est remplacé par celui consacré à la télévision ou à des activités spécifiques. Enfin, la multiplication des fast-foods a porté un coup décisif aux cafés, le hamburger ayant remplacé le sandwich, en particulier pour les jeunes. Avec le café, c'est un outil privilégié de la convivialité qui disparaît, en même temps qu'un mode de vie.

---

1. Since 1980, the number of cafés in France has declined by a little more than:

_____ 10%   _____ 30%   _____ 50%

2. In the article, which of the following are cited as possible causes for the decline in café patrons?

_____ a population shift to the suburbs, where there are fewer cafés

_____ a poor economy

_____ an increase in the amount of time doing sports

---

les banlieues   the suburbs

D. Chiffres.   Write the following numbers in numerals.

Exemple   quarante-huit **48**

1. soixante-quatre _____
2. soixante-quatorze _____
3. quatre-vingt-un _____
4. cinquante-quatre _____
5. cinquante-sept _____

6. quarante-deux _____
7. quatre-vingt-dix-neuf _____
8. soixante-quinze _____
9. quatre-vingt-huit _____
10. cent _____

E. C'est combien?   Write out the following numbers.

Exemple   84: **quatre-vingt-quatre**

36: _____
92: _____
76: _____
88: _____
47: _____
65: _____
71: _____

100: _____
83: _____
95: _____
55: _____
89: _____
41: _____
74: _____

F. Et vous?   Complete the following questions with the logical question words according to the answers suggested in parentheses. Then answer each question about yourself.

où / combien / que / comment / qui / pourquoi / quand / quelle

Exemple   **Combien** de temps est-ce que vous passez au café?
(beaucoup de temps, peu de temps)
Je passe beaucoup de temps au café.

1. Avec _____ est-ce que vous aimez aller au café?

   (avec mes amis, avec mon petit ami, avec ma petite amie, seul[e], ???)

   _____

2. _____ est-ce que vous préférez aller?

   (à Starbucks, au café Java, à Trianon Coffee House, ???)

   _____

3. _____ est-ce que vous aimez ce *(that)* café?

   (parce que le café est très bon, parce que la clientèle est intéressante, parce qu'il est près de l'université, ???)

   _____

4. _____ est le service dans ce café?

   (toujours très bon, quelquefois mauvais, ???)

   _____

5. _____ est-ce que vous préférez aller au café?

(le matin, l'après-midi, le soir)

_____

6. À _____ heure est-ce que ce café ferme?

(à minuit, à neuf heures du soir, ???)

_____

7. _____ est-ce que vous aimez prendre au café?

(un café, un coca, un thé, ???)

_____

8. _____ est-ce que vous aimez faire au café?

(lire, parler avec des amis, écouter de la musique, ???)

_____

Journal. Using your answers to *F. Et vous?,* write a paragraph talking about a café you like, when and with whom you prefer to go there, and what you like to drink and do there. Give as many other details as you can besides what you answered in *F. Et vous?*

_____

_____

_____

_____

_____

_____

_____

_____

_____

_____

_____

_____

_____

CHAPITRE

Un nouvel appartement   3

C O M P É T E N C E 1   *Talking about where you live*

By the time you finish this ***Compétence***, you should be able to describe where you live in French.

A. Une maison. Fill in each blank to identify the room. Use the definite article **le**, **la**, or **les**.

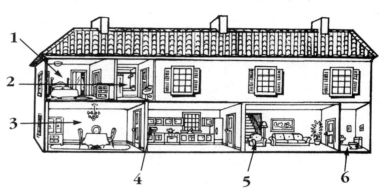

1. _____

2. _____

3. _____

4. _____

5. _____

6. _____

B. Dans quelle pièce? Write sentences telling in which room you generally do the following.

Exemple   regarder la télé
Je regarde la télé dans le salon ou dans ma chambre. /
Je ne regarde pas la télé à la maison.

1. manger

_____

2. préparer le dîner *(dinner)*

_____

3. regarder la télé

_____

4. préférer faire mes devoirs

_____

5. parler au téléphone

_____

6. aimer faire la sieste *(to take a nap)*

_____

7. écouter la chaîne stéréo

_____

C. Au grand magasin. Answer the questions about where different departments are located in this department store. Use the French way of counting floors in your responses. Remember to use **au** to say *on the* with a floor.

Exemple   À quel étage se trouve le salon de beauté?
              Le salon de beauté se trouve au premier étage.

1. À quel étage se trouve l'entrée *(entrance)* du magasin *(store)*?

_____

2. À quel étage se trouvent les articles de sport?

_____

3. À quel étage se trouvent les parfums et les vêtements d'hommes?

_____

4. À quel étage se trouve l'agence de voyages?

_____

D. Et vous?   Answer the following questions about your living situation with complete sentences.

1. Est-ce que vous habitez dans un appartement, dans une maison ou dans une chambre à la résidence universitaire?

_____

2. Habitez-vous seul(e), avec un(e) colocataire ou avec un(e) camarade de chambre?

_____

3. Est-ce que vous habitez au centre-ville, en ville, en banlieue ou à la campagne?

_____

4. Comment est votre appartement / votre chambre / votre maison?

_____

_____

5. Est-ce que vous aimez l'appartement / la maison / la résidence où vous habitez? Pourquoi ou pourquoi pas?

_____

_____

6. Est-ce que vous habitez près de l'université ou loin de l'université?

_____

7. À quel étage est-ce que vous préférez habiter? au rez-de-chaussée? au premier étage? au deuxième étage?

_____

8. Il y a un ascenseur ou un escalier chez vous?

_____

E. Des chiffres.   Complete the following numbers by filling in the missing words.

1. 300 = trois _____

2. 2004 = deux _____ quatre

3. 1 708 000 = _____ sept _____ huit _____

F. En quelle année?   Write the following important years from Quebec's history in numerals.

Exemple   <u>1534</u>   Jacques Cartier prend *(takes)* possession du Canada pour la France en **mille cinq cent trente-quatre.**

_____   1.   La ville de Québec est fondée *(founded)* en **mille six cent huit.**

_____   2.   La France cède ses territoires canadiens aux Anglais en **mille sept cent soixante trois.**

_____   3.   Le Québec devient *(becomes)* membre de la Confédération du Canada en **mille huit cent soixante-sept.**

_____   4.   Le Parti québécois est fondé en **mille neuf cent soixante-huit.**

_____   5.   Presque *(Nearly)* cinquante pour cent des Québécois votent pour un Québec libre en **mille neuf cent quatre-vingt-seize.**

G. L'arrivée de Robert.   Read the following passage describing Robert's arrival at Thomas's apartment, paying close attention to the verbs. Even if you have not seen certain **-er** verbs before, you should be able to identify them. As you read, list at least six **-er** verbs from the passage. The first one has been done as an example.

Robert consulte les instructions dans la lettre de Thomas et vérifie l'adresse. Il lit: «Mon appartement se trouve 38, rue Dauphine. C'est un grand immeuble avec une porte bleue. J'habite au deuxième étage.»
    «Oui, c'est bien là», pense-t-il. Il entre dans l'immeuble et monte l'escalier. Arrivé à la porte de l'appartement, il sonne. Quelques instants après, une jolie jeune femme vient lui ouvrir la porte.

— Euh... Bonjour, mademoiselle, je suis Robert. C'est bien ici que Claude et Thomas habitent? demande Robert.
— Claude, c'est moi. Mais...
   Robert, bien surpris, l'interrompt...
— Claude, c'est vous? Euh... Mais vous êtes une femme!

1. **consulter** _____   4. _____
2. _____   5. _____
3. _____   6. _____

Journal. Write a paragraph describing where you live. In your paragraph, explain:

- whether you live in a house, an apartment, or a dormitory and whether it is far from the university
- with whom you live
- whether you live in the center of town, in town, in the suburbs, or in the country
- what your house, apartment, or dormitory is like (new, old, big, small, pleasant, unpleasant, expensive, pretty, ugly, etc.)
- how much the rent is
- whether you like where you live or, if not, what sort of place you would like to have (**je voudrais avoir**)
- what rooms there are in your house or apartment (unless you live in a dormitory)
- on what floor your room is
- in what room you like to spend a lot of time when you are home

_____
_____
_____
_____
_____
_____
_____
_____
_____
_____
_____
_____
_____
_____

Nom _____   Date _____

COMPÉTENCE 2   *Talking about your possessions*

By the time you finish this **Compétence,** you should be able to talk about your belongings in French.

A. Qu'est-ce qu'ils ont?   Look at the pictures of the rooms of Thomas's friends Rachid and Daniel. Write sentences saying which of them has each of the following items and which one does not. Remember that **un, une,** and **des** change to **de** after the negated verb **avoir.**

la chambre de Rachid   la chambre de Daniel

Exemple   des disques compacts
             Rachid a des disques compacts, mais Daniel n'a pas de disques compacts.

1. une télé: _____

2. un vélo: _____

3. un chat: _____

4. un chien: _____

5. un ordinateur: _____

6. un magnétoscope: _____

B. Où?   Refer to the illustrations in **A. Qu'est-ce qu'ils ont?** and complete each sentence with the appropriate preposition.

Dans la chambre de Rachid...

1. Où est le chien? Il est _____ le lit *(bed).*

2. Où sont les livres? Ils sont _____ le bureau *(desk),* _____

l'étagère *(shelf)* et _____ le lit.

3. Où est la télé? Elle est _____ la porte et le bureau.

Dans la chambre de Daniel...

1. Où est le chat? Il est _____ l'aquarium.

2. Où sont les vêtements? Ils sont _____ le placard *(closet).*

3. Où est le vélo? Il est _____ la porte.

C. Possessions. Robert is talking to Thomas about what they have. Complete the following statements with the verb **avoir** and the pictured noun.

Exemple   1   2   3

4   5   6   7

Exemple   Dans ma chambre, **j'ai un ordinateur.**

1. Dans le salon, nous _____ .

2. Claude _____ ?

3. Thomas, tu _____ ?

4. Claude _____ .

5. Devant ma fenêtre, j' _____ .

6. Claude et toi, vous _____ ?

7. Les parents de Claude _____ .

D. Colocataires. Two friends are thinking about sharing an apartment. Complete their conversation with the correct form of **avoir.**

— Est-ce que tu voudrais partager l'appartement avec mon ami et moi? Nous

_____ beaucoup de place *(space).*

— Vous _____ combien de chambres?

— Deux, mais j'_____ une grande chambre avec deux lits.

— Tu _____ des animaux?

— Moi, je n'_____ pas d'animaux mais mon ami _____ un chat.

Pourquoi? C'est un problème?

— Oui, j' _____ des allergies.

E. Dans le salon.   Label the items in the living room.

1. _____
2. _____
3. _____
4. _____
5. _____
6. _____
7. _____

Now write sentences in French telling where these objects are with respect to each other. Use a preposition in each sentence. Remember to make the contraction **de + le = du** where necessary.

1. *the rug / the sofa*

_____

2. *the plant / the window*

_____

3. *the armchair / the sofa*

_____

4. *the table / the corner*

_____

F. Près de quoi?   Tell a friend who is helping you rearrange your room where to put the following things. Next to which object(s) from the list would you put each one? Do not forget that the **de** of **à côté de** contracts with **le** to **du** and with **les** to **des**.

la chaîne stéréo / l'ordinateur / le magnétoscope / la télé / la fenêtre

Exemple   le magnétoscope
         Mets *(Put)* le magnétoscope à côté de la télé.

1. la plante

_____

2. les vidéocassettes

_____

3. les CD

_____

4. l'imprimante *(the printer)*

_____

Journal. Write a paragraph in French describing the place where you live. Tell:

- whether you spend a lot of time at home
- what your house, apartment, or dorm room is like (large or small? pleasant or unpleasant? pretty or ugly?)
- how many bedrooms there are
- where the stereo, the television set, and the computer are
- whether you have any pets

_____

_____

_____

_____

_____

_____

_____

_____

_____

_____

_____

_____

_____

_____

_____

_____

_____

_____

COMPÉTENCE 3   *Describing your room*

By the time you finish this *Compétence,* you should be able to describe your room in French.

A. Une chambre.   Label the objects in the following bedroom.

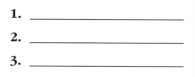

1. _____
2. _____
3. _____
4. _____
5. _____
6. _____

Now answer the following questions about the preceding bedroom with complete sentences.

1. La chambre est en ordre ou en désordre?

_____

2. Il y a des vêtements par terre?

_____

3. Où sont les vêtements?

_____

4. La commode est à droite du lit ou à **gauche** du lit?

_____

B. Couleurs.   Complete the following sentences by writing **du, de la, de l',** or **des** in the first blank and a color in the second. If you live in a dormitory, describe your parents' house or apartment. If you do not have one of the items mentioned, imagine the color you would like to have.

Dans ma chambre…

Exemple   Les rideaux **de la** chambre sont **bleus.**

1. La porte _____ placard est _____.

2. La couverture _____ lit est _____.

3. Les murs _____ chambre sont _____.

Dans le reste de la maison…

4. Le canapé _____ salon est _____.

5. Les murs _____ couloir sont _____.

6. La porte _____ salle de bains est _____.

C. Et toi? A friend is asking you about the following things and friends. Complete each question with **ton, ta,** or **tes.** Then answer the question, using **mon, ma,** or **mes.**

Exemple Quelle est **ta** couleur préférée *(favorite)?*
Ma couleur préférée est le rouge.

1. Est-ce que _____ chambre est grande ou petite?

_____

2. Dans quelle pièce de la maison est-ce que tu préfères faire _____ devoirs?

_____

3. Est-ce que _____ amis sont souvent chez toi?

_____

4. Est-ce que _____ quartier est agréable?

_____

5. Est-ce que _____ chaîne stéréo est dans _____ chambre ou dans le salon?

_____

D. Les adjectifs possessifs. Complete the following passage with **son, sa, ses, leur,** or **leurs.**

Claude, Thomas et Robert aiment bien _____ voisins *(neighbors)* et _____ appartement,

mais Claude n'aime pas trop _____ chambre parce que _____ fenêtres sont très petites.

  Thomas et Robert n'aiment pas les animaux de _____ colocataire, Claude. Ils pensent

que _____ animaux sont embêtants parce que _____ chien aime dormir sur le canapé

et _____ chats aiment dormir sur la table de la cuisine.

Now imagine that a friend is asking Claude the following questions. Complete each question with **ton, ta, tes, votre,** or **vos.** Then answer the question as Claude would, according to the preceding passage.

Exemple Qui sont **tes** colocataires?
Mes colocataires sont Thomas et Robert.

1. Robert, Thomas et toi, vous aimez _____ voisins?

_____

2. Robert, Thomas et toi, vous aimez _____ appartement?

_____

3. Tu aimes _____ chambre?

_____

4. Pourquoi est-ce que _____ colocataires n'aiment pas _____ animaux?

_____

E. Qui est-ce? Which person(s) from the list do the following sentences describe? Write sentences using **de** to show possession, as in the example. Guess if you are not sure.

Walt Disney / Alfred Hitchcock / François Truffaut / Rodgers et Hammerstein /
les frères Lumière / Steven Spielberg

Exemple   Son premier grand succès est *Les Dents de la mer (Jaws)*.
              Le premier grand succès de Steven Spielberg est *Les Dents de la mer*.

1. Ses films sont de vieux films de suspense.

_____

2. Leurs films sont de vieilles comédies musicales.

_____

3. Ses films sont des dessins animés *(cartoons)*.

_____

4. Ses films sont en français.

_____

5. La cinématographie a commencé avec leur premier film, filmé *(filmed)* à Paris en 1895.

_____

F. Descriptions.   Sometimes when speaking a foreign language, you cannot remember a word or a verb form and you have to rephrase what you want to say, using what you know. Here are a number of different ideas, each expressed two ways. Complete the first sentence with the correct form of **avoir** and the second sentence with the appropriate possessive adjective.

Exemple   Vous **avez** une très belle maison.   **Votre** maison est très belle.

1. J'_____ un joli canapé.   _____ canapé est joli.

2. Tu _____ une grande cuisine.   _____ cuisine est grande.

3. Ils _____ un appartement agréable.   _____ appartement est agréable.

4. Vous _____ des murs blancs?   _____ murs sont blancs?

5. Nous _____ un très beau quartier.   _____ quartier est très beau.

6. Il _____ un chien bête.   _____ chien est bête.

7. Elle _____ un chien sympa.   _____ chien est sympa.

8. Ils _____ des tableaux bizarres.   _____ tableaux sont bizarres.

Journal. Using the paragraphs about your house and your room that you wrote in your journal for *Compétences 1* and *2*, write a more detailed description of your house. Tell:

- where and with whom you live
- what your place is like and how many rooms there are
- what you have in your bedroom and in the living room
- in which room you spend a lot of time and what you like to do there

_____

_____

_____

_____

_____

_____

_____

_____

_____

_____

_____

_____

_____

_____

_____

_____

_____

_____

_____

_____

_____

COMPÉTENCE 4   *Giving your address and phone number*

By the time you finish this ***Compétence,*** you should be able to give personal information about yourself, such as your address and telephone number, in French.

A. Des renseignements personnels. When renting a hotel room or a car on trips abroad, you may be asked to fill out forms that ask for personal information. Fill out the following registration form, supplying the requested information.

Hôtel Vieux Québec

Fiche d'inscription pour voyageurs étrangers.

Nom de famille: _____

Prénom(s): _____

Adresse:

_____ *(rue)*

_____ *(ville)*

_____ *(pays)*

Numéro de téléphone: _____

Nationalité: _____

B. Quel, quelle, quels ou quelles? If a hotel clerk were filling out the **fiche d'inscription** from *A. **Des renseignements personnels*** for you, what questions with **quel(le)(s)** might he/she ask you?

Exemple   **Quel** est votre nom de famille?

1. _____ est votre prénom?

2. _____ est votre adresse?

3. Dans _____ ville habitez-vous?

4. Dans _____ pays habitez-vous?

5. _____ est votre numéro de téléphone?

6. _____ est votre nationalité?

C. Et vous? Rewrite the following sentences so that they describe you by changing the words in italics.

1. Mon adresse, c'est le *vingt-sept mille, neuf cent quatorze rue Spotted Oak.*

_____

2. Mon code postal, c'est le *soixante-dix-huit mille, six cent trente-quatre.*

_____

3. Mon numéro de téléphone, c'est le *huit cent trente-huit, quatre-vingt-dix-sept, zéro, huit.*

_____

D. Une nouvelle amie. You have just met a French student and you plan to study together at her house. How would you ask for the following information using questions with **quel/quelle/quels/quelles**?

Exemple   *What is your first name?*
            Quel est ton prénom?

1. *What is your phone number?* _____

2. *What is your address?* _____

3. *At what time?* _____

E. Où est-ce que je mets ça? A friend is helping you move in. As you point to different items, tell your friend where to put them. Use **ce/cet/cette/ces** in your answers, as in the example.

| Exemple | 1 | 2 | 3 |

| 4 | 5 | 6 | 7 |

Exemple   Mets *(Put)* **cette table dans la salle à manger.**

1. _____

2. _____

3. _____

4. _____

5. _____

6. _____

7. _____

F. Deux chambres.   Complete each question with the correct form of the adjective **quel.** Then write the answer next to the appropriate illustration, as in the example.

Exemple   **Quelle** chambre est un peu en désordre?

1. _____ livres sont par terre?

2. _____ chien aime dormir sur le lit?

3. _____ chaîne stéréo est à côté du lit?

4. _____ lit est entre le placard et l'étagère?

5. _____ étagère est à côté de la porte?

6. _____ étudiant n'a pas d'ordinateur?

_____

_____

_____

_____

_____

Cette chambre-ci est un peu en désordre. _____

_____

_____

_____

_____

_____

G. Quel mot?   Both **quel** and **qu'est-ce que** can translate the word *what*. Remember to use **quel** directly before a noun or before the verb forms **est** and **sont.** In other cases use **qu'est-ce que.** Complete the following questions with **qu'est-ce que** or a form of **quel.** Then answer each question.

1. _____ est votre adresse?

_____

2. Votre chambre est à _____ étage?

_____

3. Dans _____ pièce est-ce que vous préférez passer votre temps?

_____

4. _____ vous avez dans votre chambre?

_____

5. _____ vous n'aimez pas chez vous?

_____

6. _____ vos amis préfèrent faire le week-end?

_____

Journal. A friend is thinking about moving in with you. Write a note in French giving your telephone number and address, including the area code. Also explain some of the good aspects of your living situation, including some information about your neighborhood.

_____

_____

_____

_____

_____

_____

_____

_____

_____

_____

_____

_____

_____

CHAPITRE

En famille

4

COMPÉTENCE 1   *Describing your family*

By the time you finish this **Compétence,** you should be able to name family members and tell a little about them in French.

A. La parenté.   A friend is showing you pictures of the following family members. Write a question asking your friend to clarify her relationship to each one.

Exemple   Voilà mon neveu.
           C'est le fils de ton frère ou de ta sœur?

1. Voilà ma grand-mère. _____

2. Voilà ma nièce. _____

3. Voilà ma tante Marie. _____

4. Voilà mon oncle Antoine. _____

5. Voilà mon grand-père. _____

B. Des familles.   Imagine what the indicated persons might say to explain who the family members in each picture are.

Je m'appelle Didier.

Exemple   **Je m'appelle Didier. Sur la photo, je suis avec ma
           mère, mon petit frère et mes grands-parents.**

Moi, je m'appelle Alice Pérez.

Je m'appelle Martin.

1. _____

_____

_____

_____

_____

2. _____

_____

_____

_____

_____

C. Voisins. Robert runs into Claude from downstairs again and he is trying to find out a little more about her. Complete their conversation logically.

— Bonjour, mademoiselle! Excusez-moi pour l'autre jour! Permettez-

moi de me présenter. Je _____

Robert Martin. Et vous êtes Claude...

— Oui, Claude Lange. Enchantée, Robert!

— Euh... vous avez des enfants?

— Oui, j'habite ici avec mon _____ André et ma _____

Annick.

— Alors, vous êtes _____?

— Non, non, je suis divorcée. Mon ex-_____ est remarié et il habite à Trois-

Rivières avec sa nouvelle _____.

D. Questions. Answer each question with a complete sentence in French.

1. Vous êtes combien dans votre famille?

_____

2. Où habite votre famille?

_____

3. Est-ce que vous passez beaucoup de temps chez vos parents?

_____

4. Combien de tantes et d'oncles avez-vous?

_____

5. Combien de cousins avez-vous?

_____

6. Avez-vous des nièces ou des neveux?

_____

7. Est-ce que vos frères et vos sœurs sont mariés?

_____

E. On en a envie ou besoin? Which activity does Robert say the following people probably feel like doing and which do they probably need to do? Write sentences using **avoir envie de** and **avoir besoin de**.

Exemple   Je... (dormir, faire mes devoirs)
           J'ai envie de dormir. J'ai besoin de faire mes devoirs.

1. Claude et Robert... (aller au parc, travailler)

_____

2. Mes amis et moi, nous… (aller au café, aller à la bibliothèque)

_____

3. Mon professeur… (voir un film, préparer ses cours)

_____

F. Et vous?   Describe yourself by completing the following sentences.

1. Quelquefois, j'ai peur de (d') _____ .

2. Demain, j'ai l'intention de (d') _____ .

3. Cette semaine, j'ai besoin de (d') _____ .

4. Ce week-end, j'ai envie de (d') _____ .

G. Descriptions.   Describe the following people using an expression with **avoir.**

avoir peur / avoir chaud / avoir froid / avoir sommeil / avoir soif / avoir faim

Exemple: J'…

1. Anne…

2. Les enfants…

3. Mes copains et moi…

4. Vous…?

5. Nous…

Exemple   **J'ai froid.**

1. _____

2. _____

3. _____

4. _____

5. _____

H. Qui est-ce? Using the description of André, write a similar description of Vincent.

Exemple   **André a environ soixante-dix ans.**
            Il a les cheveux gris mais il n'a pas beaucoup de cheveux.
            Il n'a pas de moustache.
            Il a l'air pessimiste.

André

_____

_____

_____

_____

Vincent

Journal. Write a paragraph telling how many there are in your immediate family and who they are. Then tell the following things about *one* member of your family:

• his/her name
• how old he/she is
• whether he/she is tall, short, or medium-sized
• what color of eyes and hair he/she has
• whether he/she has glasses (and for adult males a beard and a mustache)
• what he/she likes to do

_____

_____

_____

_____

_____

_____

_____

_____

_____

_____

_____

_____

_____

_____

COMPÉTENCE 2   *Saying where you go in your free time*

By the time you finish this ***Compétence,*** you should be able to tell in French where you go in your free time and suggest activities to your friends.

A. Où va-t-on? Say where one goes to do each of the activities in the left column. Write complete sentences as in the example. Use the pronoun **on.**

écouter de la musique	au parc
prendre un verre	à la piscine
manger	au restaurant
voir une exposition	au café
faire du shopping	au centre commercial
acheter des livres	à un concert
jouer avec son chien	à la librairie
nager et prendre un bain de soleil	au musée

Exemple   **Pour écouter de la musique, on va à un concert.**

_____

_____

_____

_____

_____

_____

_____

_____

_____

_____

_____

B. Où allez-vous? Where do you go in your city to do the indicated things? Write complete sentences with a specific place as in the example.

Exemple   Pour acheter des livres,...
Pour acheter des livres, je vais à la librairie Barnes & Noble.

1. Pour retrouver mes amis, _____

_____

2. Pour acheter des vêtements, _____

_____

3. Pour passer un après-midi tranquille, _____

_____

4. Pour bien manger, _____

_____

C. La préposition _à_. Complete the following passage with the appropriate form of **à** and the definite article **le, la, l',** or **les.** Use the contracted forms **au** and **aux** when necessary.

Yannick est toujours très occupé _(busy)_. Pendant la semaine, il va tous les jours _____ école _(school)_. À midi, il va déjeuner _____ café avec ses amis. Après, ils vont ensemble _____ bibliothèque où ils préparent leurs devoirs. Ensuite, ils vont _____ maison de Yannick pour jouer au basket. Quand le vendredi soir arrive, Thomas et Yannick aiment aller _____ cinéma ou _____ parc. Le samedi, Yannick va _____ centre commercial avec ses amis pour faire du shopping. Le dimanche matin, toute la famille va _____ église et le dimanche à midi, ils vont _____ restaurant parce que sa mère n'aime pas faire la cuisine _(to cook)_ ce jour-là.

Now imagine that you are Yannick and a friend asks you the following questions. Answer each one with a complete sentence according to the information given in the preceding paragraph.

1. Où vas-tu avec tes amis à midi?

_____

2. Et après le café, où allez-vous?

_____

3. Quel jour est-ce que ta famille va au restaurant?

_____

D. Où vont-ils? Complete the following sentences, telling how often the indicated people go to the places shown.

Exemple: Mes grands-parents

1. Mes amis et moi, nous...

2. Moi, je...

souvent / quelquefois / rarement / ne... jamais

Exemple **Mes grands-parents vont rarement au théâtre.**

1. _____

2. _____

3. Mon meilleur ami… /   **4.** Ma famille…   **5.** Mes amis…
Ma meilleure amie…

3. _____

4. _____

5. _____

E. Comment?   A friend was not paying attention to what you said in **D. Où vont-ils?** and asks the following questions. Answer each one with a complete sentence using the pronoun **y.**

Exemple   Tes grands-parents vont souvent au théâtre?
Oui, ils y vont souvent. / Non, ils n'y vont pas souvent.

1. Tes amis et toi, vous allez souvent à la piscine?

_____

2. Tu vas souvent à des concerts?

_____

3. Ton meilleur ami (Ta meilleure amie) va souvent à l'église?

_____

4. Ta famille va souvent au centre commercial?

_____

5. Tes amis vont souvent au parc?

_____

F. Suggestions.   A friend has just moved to your city. Tell him where to do or not to do the following things. Use **tu** form commands.

Exemple   acheter des livres
Achète tes livres à la librairie Barnes & Noble.

1. acheter des vêtements: _____

2. dîner: _____

3. ne pas manger: _____

4. aller au cinéma: _____

Now rewrite the same suggestions so that you could make them to a group of friends. Use **vous** form commands.

Exemple   **Achetez vos livres à la librairie Barnes & Noble.**

1. _____

2. _____

3. _____

4. _____

G. Des projets.   It is Friday night and you are making plans with a classmate. Write a response to your friend's questions by making suggestions with the **nous** form of the verb to say *Let's...*

Exemple   Alors, on va au cinéma ce soir ou on regarde une vidéo à la maison?
                Allons au cinéma! / Regardons une vidéo à la maison!

1. On regarde un film français ou un film américain?

_____

2. On invite d'autres étudiants de la classe de français?

_____

3. On mange quelque chose avant?

_____

4. Et demain, on reste à la maison ou on va au parc?

_____

Journal.   Write a note asking if a French-speaking friend would like to go out with you, proposing something to do. Suggest a day, a time, and a place. Explain what you usually do on that day, where you go, what time you usually return home, and what time you prefer to go out.

_____

_____

_____

_____

_____

_____

_____

_____

_____

_____

Nom _____   Date _____

COMPÉTENCE 3   *Saying what you are going to do*

By the time you finish this **Compétence,** you should be able to talk about your plans for tomorrow, this weekend, and the near future in French.

A. Le week-end. Answer the following questions about your typical Saturday with complete sentences in French.

1. À quelle heure est-ce que vous quittez la maison le samedi généralement?

_____

2. Est-ce que vous déjeunez souvent au restaurant le samedi?

_____

3. Où est-ce que vous passez la journée le samedi?

_____

4. Est-ce que vous allez souvent boire un café avec des amis?

_____

5. Avec qui est-ce que vous passez la soirée?

_____

6. Vers quelle heure est-ce que vous rentrez chez vous le samedi soir généralement?

_____

B. Et samedi prochain. Say whether you are going to do each of the things you wrote in the preceding activity next Saturday. Use the immediate future (**aller** + infinitive).

Exemple   **Samedi prochain, je vais quitter la maison vers... heures.**

1. _____
2. _____
3. _____
4. _____
5. _____
6. _____

C. Projets. Robert, Claude, and Thomas are back in Quebec and Robert is talking about what they are going to do this weekend. Fill in each blank with the correct form of **aller** followed by the logical infinitive from the list. The first one has been done as an example.

préparer / quitter / rester

Samedi matin, je **vais quitter** la maison tôt mais Thomas _____ au

lit. Claude _____ ses cours à la maison.

louer / aller / nager

Samedi après-midi, Thomas _____ à la bibliothèque et après, nous

_____. Ensuite, je _____ une vidéo.

boire / aller / rentrer

Dimanche après-midi, je _____ au parc avec Claude. Plus tard,

on _____ quelque chose au café avec une amie. On

_____ tard.

Nom _____   Date _____

D. Mes projets d'avenir. Write a complete sentence in French telling something you are going to do at each of the following times. Use the immediate future (**aller** + infinitive).

1. Ce soir? _____

2. Ce week-end? _____

3. La semaine prochaine? _____

4. Le mois prochain? _____

5. L'année prochaine? _____

E. Devinette. Read the following riddle to figure out the date of the national holiday of the francophone countries named. Write out the date of each country's national holiday in the space provided.

En Haïti, la fête nationale, c'est le jour de l'an (*New Year's Day*). Les Canadiens célèbrent exactement six mois après les Haïtiens. En Suisse, c'est exactement un mois après les Canadiens. Les Français célèbrent la fête nationale treize jours après les Canadiens. Les Belges ont leur fête nationale une semaine après les Français. Et aux États-Unis, on célèbre trois jours après les Canadiens, dix jours avant les Français et dix-sept jours avant les Belges.

1. La date de la fête nationale en Haïti, c'est _____.

2. Au Canada, c'est _____.

3. En Suisse, c'est _____.

4. En France, c'est _____.

5. En Belgique, c'est _____.

6. Quelle est la date de la fête nationale aux États-Unis? _____

F. C'est quand? If today is March 15 (**le quinze mars**), when are the following dates? Choose an expression from the list, as in the example.

la semaine prochaine / demain / l'année prochaine / dans trois jours /
dans un mois / dans trois mois / dans six mois

Exemple   16 / 3
           Le seize mars, c'est demain.

1. 18 / 3 _____

2. 23 / 3 _____

3. 15 / 4 _____

4. 15 / 6 _____

5. 15 / 9 _____

G. Qu'est-ce que vous allez faire? Give the dates of the following days and say what you are probably going to do. Use the immediate future.

Exemple demain
        Demain, c'est le 10 novembre. Je vais aller en cours et je vais travailler.

1. ce samedi: _____

_____

2. votre anniversaire: _____

_____

3. le dernier *(last)* jour du semestre: _____

_____

Journal. Write a paragraph using the immediate future to explain what you are going to do next weekend. Tell what you are going to do on Saturday or Sunday morning, afternoon, and evening. Give as many details as you can, such as when you are going to do each activity, with whom, and where.

_____

_____

_____

_____

_____

_____

_____

_____

_____

_____

_____

_____

_____

COMPÉTENCE 4   *Planning how to get there*

By the time you finish this ***Compétence,*** you should be able to talk about where you are going to go and how you are going to get there in French.

A. Moyens de transport.   This family is visiting France. How does the mother say that they get around? Complete each sentence with the correct form of the verb **prendre** and a means of transportation.

Exemple: La famille...

1. Nous...

2. Nos amis...

3. Mon fils...

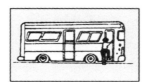

4. Moi, je...

5. Mon chéri, tu...?

Exemple   La famille **prend la voiture** pour aller à Deauville.

1. Nous _____ pour aller à Paris.

2. Nos amis _____ pour aller d'une plage *(beach)* à l'autre.

3. Mon fils _____ pour aller au parc.

4. Moi, je _____ pour aller en ville.

5. Mon chéri, tu _____ pour aller voir tes amis?

B. Comment?   A friend of the woman in ***A. Moyens de transport*** did not hear what she said and asks the following questions. Answer using the pronoun **y** and the verb **aller.**

Exemple   Comment est-ce que la famille va à Deauville?
       La famille y va en voiture.

1. Comment est-ce que vous allez à Paris?

_____

2. Comment est-ce que tes amis vont à l'autre plage?

_____

3. Comment est-ce que ton fils va au parc?

_____

4. Comment est-ce que tu vas en ville?

_____

5. Comment est-ce que ton mari va voir ses amis?

_____

C. Au café. A mother is asking what everyone wants to order in a café. Complete their conversation with the verb **prendre.**

— Les enfants, vous _____ une limonade ou un coca?

— Nous _____ une limonade.

— Et toi, chéri, tu _____ une eau minérale ou un demi?

— Je _____ un demi. Et toi, qu'est-ce que

tu vas _____?

— Je vais _____ un café.

Now the mother is ordering for the family. What does she say to the waiter? Use the verb **prendre** in the present tense.

Les enfants _____.

Mon mari _____.

Et moi, je _____.

D. Des touristes. Two tourists are returning from a trip. Answer each question with a complete sentence according to the illustrations.

1. Prennent-ils le petit déjeuner au restaurant ou dans leur chambre?

_____

2. Prennent-ils un café ou un jus d'orange?

_____

3. Comment vont-ils de l'hôtel à l'aéroport, en taxi ou en autobus?

_____

4. Prennent-ils le train ou l'avion?

_____

5. À quelle heure prennent-ils l'avion?

_____

6. À quelle heure est-ce qu'ils prennent quelque chose à boire dans l'avion?

_____

E. Le cours de français?   Complete each question with the correct form of the verb indicated in parentheses. Then answer the questions with complete sentences.

1. Combien de temps est-ce que ça _____ (prendre) pour aller de chez vous au cours de français: quinze minutes? trente minutes? une heure?

_____

2. À votre université, est-ce que beaucoup d'étudiants _____ (prendre) l'autobus pour aller en cours?

_____

3. Sur votre campus, est-ce que les nouveaux étudiants _____ (comprendre) facilement *(easily)* où se trouvent les salles de classe?

_____

4. Dans quels cours est-ce que vous _____ (prendre) beaucoup de notes?

_____

5. Dans quels cours est-ce que vous _____ (apprendre) beaucoup? peu?

_____

6. Généralement, est-ce que vous _____ (comprendre) bien dans le cours de français?

_____

7. Est-ce qu'on _____ (apprendre) beaucoup de vocabulaire dans ce cours?

_____

8. Est-ce que vous _____ (prendre) vos études au sérieux *(seriously)*?

_____

9. Est-ce que vous _____ (apprendre) mieux quand vous préparez vos cours seul(e) ou quand vous travaillez avec un(e) ami(e)?

_____

10. Combien de temps est-ce que ça _____ (prendre) généralement pour faire vos devoirs de français?

_____

Journal. You are talking about your plans for tomorrow. Talk about:

- where you are going to have breakfast and at what time
- what time you are going to leave your house, apartment, or dormitory
- where you are going to go and why you are going to each place
- how you are going to get around
- what time you are going to return home

_____

_____

_____

_____

_____

_____

_____

_____

_____

_____

_____

_____

_____

_____

_____

_____

_____

_____

_____

_____

Les projets

COMPÉTENCE 1   *Deciding what to wear and buying clothes*

By the time you finish this **Compétence,** you should be able to talk about your clothing in French and buy clothes in a store.

A. Les vêtements.   Label the following articles of clothing in French.

1. _____   4. _____
2. _____   5. _____
3. _____   6. _____

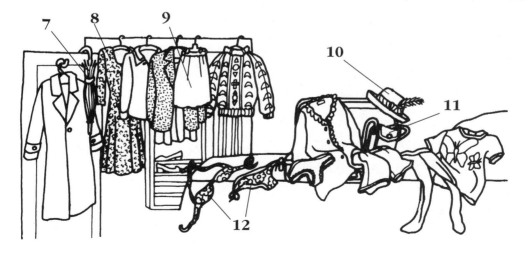

7. _____   10. _____
8. _____   11. _____
9. _____   12. _____

B. Que portent-ils? Using the verb **porter,** tell what these people are wearing.

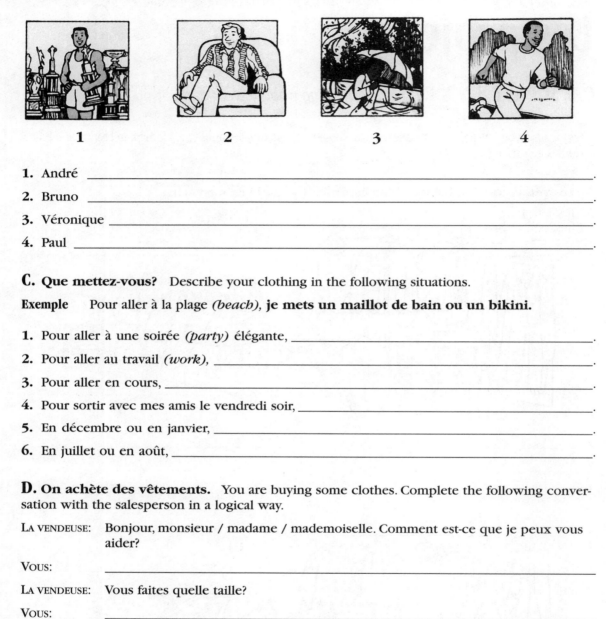

1   **2**   **3**   **4**

1. André _____.

2. Bruno _____.

3. Véronique _____.

4. Paul _____.

C. Que mettez-vous? Describe your clothing in the following situations.

Exemple Pour aller à la plage *(beach),* **je mets un maillot de bain ou un bikini.**

1. Pour aller à une soirée *(party)* élégante, _____.

2. Pour aller au travail *(work),* _____.

3. Pour aller en cours, _____.

4. Pour sortir avec mes amis le vendredi soir, _____.

5. En décembre ou en janvier, _____.

6. En juillet ou en août, _____.

D. On achète des vêtements. You are buying some clothes. Complete the following conversation with the salesperson in a logical way.

LA VENDEUSE: Bonjour, monsieur / madame / mademoiselle. Comment est-ce que je peux vous aider?

VOUS: _____

LA VENDEUSE: Vous faites quelle taille?

VOUS: _____

LA VENDEUSE: Quelle couleur est-ce que vous préférez?

VOUS: Je préfère quelque chose en _____.

Est-ce que je peux essayer _____?

LA VENDEUSE: Mais bien sûr! Voilà la cabine d'essayage.

E. Dans l'ordre logique. Conjugate the infinitives with direct object pronouns saying in what order Alice and her husband Vincent do the things listed in parentheses.

Exemple Alice trouve *une jolie jupe* dans   (l'acheter, l'essayer)
un magasin.
Elle l'essaie et elle l'achète.

1. Elle essaie *un joli chemisier* aussi.   (le prendre, le trouver très bien)

Elle _____.

2. Alice va payer avec *sa carte de crédit*.   (la chercher dans son sac, la trouver
par terre)

Elle _____.

3. Il y a *une amie d'Alice* dans le même   (l'inviter à prendre un verre,
magasin.   la rencontrer [*run into*])

Alice _____.

4. Alice aime beaucoup *ses nouveaux   (les porter pour aller chez elle,
vêtements*.   les montrer à Vincent)

Elle _____.

5. Vincent trouve *Alice* très jolie dans ses   (l'embrasser [*to kiss*], la prendre dans
nouveaux vêtements.   ses bras [*arms*])

Vincent _____.

F. Compléments d'objets directs. Answer the following questions replacing the italicized direct objects with a pronoun.

Exemple Où est-ce que vous retrouvez *vos amis* pour prendre un verre?
Je *les* retrouve souvent au café pour prendre un verre.

1. Est-ce que vous invitez souvent *vos amis* à la maison?

_____

2. Où est-ce que vous passez *votre temps libre*?

_____

3. Dans quel restaurant est-ce que vous retrouvez souvent *vos amis* pour dîner?

_____

4. Qui prépare *le dîner* chez vous?

_____

5. Est-ce que vous regardez souvent *la télé* quand vous mangez?

_____

G. Une soirée. Rewrite the following paragraph, replacing the italicized direct objects with pronouns to make it sound less repetitive. The first part has been done as an example.

Ce soir, Alice et Vincent vont passer la soirée chez leurs amis, Jérôme et Sophie. Jérôme et Sophie aiment inviter *Alice et Vincent* à dîner. Quand ils sont ensemble ils aiment parler anglais. Jérôme parle assez bien *anglais* mais Sophie parle *anglais* avec un accent. De temps en temps, Jérôme et Sophie retrouvent *Alice et Vincent* au restaurant mais ils préfèrent inviter *Alice et Vincent* à leur appartement. Sophie prépare le plus souvent le dîner mais quelquefois Jérôme aime préparer *le dîner* aussi.

Ce soir, Alice et Vincent vont passer la soirée chez leurs amis, Jérôme et Sophie.

Jérôme et Sophie aiment les inviter à dîner.

_____

_____

_____

_____

_____

_____

_____

_____

Journal. Write a paragraph in French describing the clothes you like to put on in at least three different situations (**pour aller en cours, pour sortir avec des amis, pour aller à l'église, pour regarder la télé à la maison, pour aller au travail** [*to work*], **pour passer une soirée romantique avec votre petit ami / petite amie,** etc.). Also discuss what color of clothes you prefer and some stores where you like to buy them.

_____

_____

_____

_____

_____

_____

_____

_____

_____

_____

_____

COMPÉTENCE 2 *Discussing the weather and what to do*

By the time you finish this **Compétence,** you should be able to describe the weather and say what people do in different seasons.

A. Quel temps fait-il? In which place and in what season is the pictured weather common? Write complete sentences describing the weather depicted in each illustration.

en Alaska en hiver? / au Texas en été? / au printemps en France? / en Suisse en automne?

       1   2   3   4

1. _____

2. _____

3. _____

4. _____

B. Quoi faire? The weather can change your plans. Complete the following sentences saying what you intend to do according to the indicated weather conditions. Use the expression **avoir l'intention de.**

rester à la maison / aller au cinéma / travailler / aller à la montagne / faire du bateau / faire du ski (nautique) / aller à la plage / ne rien faire / aller au parc / aller faire une promenade / ???

Exemple S'il fait mauvais demain, **j'ai l'intention de rester à la maison.**

1. S'il fait du soleil demain, _____.

2. S'il pleut ce week-end, _____.

3. S'il fait beau ce week-end, _____.

4. S'il neige beaucoup cet hiver, _____.

C. Et chez vous? Using at least two weather expressions, complete each sentence describing the weather where you live at the indicated times. Also tell what clothes you generally put on.

Exemple en automne
En automne, il fait souvent frais et il pleut beaucoup. Je mets un pull et un jean.

1. en été: _____

2. en hiver: _____

_____

3. au printemps: _____

_____

D. Quand?   Complete the following sentences with a weather expression.

1. J'aime dormir quand _____.

2. J'ai beaucoup d'énergie quand _____.

3. J'aime le temps quand _____.

4. Je ne fais rien quand _____.

E. Un après-midi.   Complete the following conversation between Alice and Vincent by filling in each blank with the correct form of **faire.**

— Où sont les enfants? Qu'est-ce qu'ils _____ cet après-midi?

— Cathy _____ du shopping avec son amie et les garçons _____

du vélo.

— Et nous, on _____ quelque chose en ville cet après-midi ou on reste à la

maison?

— Nous ne _____ pas assez d'exercice récemment. Allons au parc pour

_____ une promenade.

F. Qu'est-ce qu'ils font?   Alice is talking about what different family members often do. Complete her sentences with an expression with **faire.**

| 1 | 2 | 3 | 4 |

1. Vincent et moi _____.

2. Éric _____.

3. Vincent _____.

4. Moi, je _____.

5   **6**   **7**   **8**

5. Les enfants _____ .

6. Éric et Vincent _____ .

7. Nous _____ .

8. Vincent _____ .

G. Suggestions.   You are trying to get a friend to have some fun with you, rather than doing what he should around the house. Tell him not to do what he is supposed to and suggest doing the other activity with you.

Exemple   **Ne fais pas la lessive! Allons au parc!**

1.     **2.**

1. _____

2. _____

3.     **4.**

3. _____

4. _____

Journal. Write a note to some friends who are coming to visit you this week. Describe what the weather is like, what people do for fun this time of year, and what type of clothes they are going to need.

_____
_____
_____
_____
_____
_____
_____
_____
_____
_____
_____
_____
_____
_____
_____
_____
_____
_____

COMPÉTENCE 3   *Saying what you did*

By the time you finish this **Compétence,** you should be able tell in French what you did yesterday or last weekend.

A. Qu'est-ce qu'ils ont fait?   Look at the following pictures and say what the weather was like and what certain people did recently. Use the **passé composé.**

1. Vincent

2. Éric

3. Alice

4. Les enfants

1. _____
2. _____
3. _____
4. _____

B. Déjà fait!   Alice made a list of things for Vincent and the children to do for her before she returns today, and they have already done them. Look at Alice's list of chores and say that Vincent and the children already did each one. Use the **passé composé** of the indicated verbs and the adverb **déjà.**

Exemple   **Éric a déjà fait les courses.**

_____
_____
_____
_____
_____
_____
_____
_____
_____
_____
_____

> **À faire aujourd'hui...**
>
> (Éric) faire les courses
>
> (les enfants) faire le ménage
>
> (Vincent et Éric) acheter une valise *(suitcase)*
>
> (Vincent) faire la lessive
>
> (Vincent) téléphoner à l'agence de voyages
>
> (Vincent) trouver un hôtel pour ce week-end

C. La dernière fois. Write complete sentences telling when you last did the activities pictured.

      1   2   3   4

hier / la semaine dernière / il y a trois jours / l'année dernière / il y a longtemps / ne... jamais / ???

1. _____

2. _____

3. _____

4. _____

D. Vous l'avez fait? Tell whether you did the following things at the indicated times.

1. dîner au restaurant (hier soir)

_____

2. dormir jusqu'à dix heures (ce matin)

_____

3. prendre l'autobus (la semaine dernière)

_____

4. voir un bon film (le mois dernier)

_____

5. acheter un livre (récemment)

_____

E. Hier. Tell what you did the last day you had French class by answering the following questions.

1. À quelle heure est-ce que vous avez quitté la maison?

_____

2. Avez-vous pris l'autobus?

_____

3. Combien de temps est-ce que vous avez passé en cours?

_____

4. Où est-ce que vous avez mangé?

_____

5. Est-ce que vous avez fait du sport?

_____

F. Un peu d'histoire canadienne. Review a little Canadian history by finding the correct ending to each sentence and putting the verb in the **passé composé.** The first one has been done as an example. You may need to refer to the culture note on pages 128–129 of the textbook.

En 1534, l'explorateur français Jacques Cartier...   faire la guerre *(war).*
En 1608, Samuel de Champlain...   résister aux Français.
Entre 1642 et 1701, les Iroquois...   prendre possession du Canada (la Nouvelle-France)
Entre 1756 et 1763, les Anglais et les Français...   pour la France.
En 1763, la France...   fonder la ville de Québec.
Sous les Anglais, la Nouvelle-France...   céder ses territoires canadiens aux Anglais.
    prendre le nom de «Canada».

En 1534, l'explorateur français Jacques Cartier a pris possession du Canada (la Nouvelle-France) pour la France.

_____
_____
_____
_____
_____
_____
_____
_____
_____
_____

G. La journée d'Alice. Alice is talking about her day last Sunday. Complete the following paragraph by putting the verbs in parentheses in the **passé composé.**

Dimanche dernier, j'_____ (dormir) jusqu'à huit heures et demie. Le matin, je _____ (ne pas faire) grand-chose *(much).* Vincent et moi _____ (prendre) le petit déjeuner avec les enfants et après, Vincent et les enfants _____ (faire) une promenade. Moi, j'_____ (préférer) rester à la maison. J'_____ (faire) la vaisselle et j'_____ (lire) le journal. Vers onze heures, j'_____ (téléphoner) à mon amie Sophie pour l'inviter à déjeuner avec

Vincent et moi. Nous _____ (retrouver) Sophie et son mari en ville où

nous _____ (manger) dans un excellent restaurant. Après le déjeuner,

Vincent et moi _____ (faire) des courses et nous _____

_____ (prendre) l'autobus pour rentrer à la maison. Nous

_____ (passer) la soirée à la maison. Nous _____

(voir) un bon film à la télé et après, Vincent et les enfants _____ (surfer)

le Net. Moi, j'_____ (mettre) mon survêtement et j'_____

_____ (faire) de l'exercice.

Journal. Write a paragraph telling what the weather was like last weekend and what you did. If you wish to say *I went, I stayed, I went out,* or *I arrived,* use **je suis allé(e), je suis resté(e), je suis sorti(e),** or **je suis arrivé(e),** rather than using **avoir** to form the past tense, as you have learned to do with other verbs. Females must also add an extra **e** to the end of the past participle of these four verbs, unlike those formed with **avoir.** You will learn more about these verbs in the next *Compétence.*

_____

_____

_____

_____

_____

_____

_____

_____

_____

_____

_____

_____

_____

_____

_____

_____

_____

COMPÉTENCE 4   *Telling where you went*

By the time you finish this **Compétence,** you should be able to tell where you went and what you did in French.

A. Une excursion.   Answer the following questions about the last time you went to another city for the weekend.

1. Où est-ce que vous êtes allé(e)?

_____

2. Quel jour êtes-vous parti(e)?

_____

3. Est-ce que vous y êtes allé(e) en avion?

_____

4. À quelle heure êtes-vous arrivé(e)?

_____

5. Est-ce que vous êtes descendu(e) dans un hôtel?

_____

6. Est-ce que vous êtes allé(e) chez des amis ou chez des parents?

_____

7. Combien de jours êtes-vous resté(e)?

_____

8. Quel jour êtes-vous rentré(e)?

_____

B. Le dernier cours.   Using **être** as the auxiliary verb, say whether the following people did the things indicated in parentheses the last day you went to French class.

Exemple   Je... (partir tôt)
            Je suis parti(e) tôt. / Je ne suis pas parti(e) tôt.

1. Tous les étudiants... (aller en cours de français)

_____

2. Je... (arriver en retard [*late*])

_____

3. Nous... (aller au laboratoire de langues)

_____

4. Le professeur... (sortir de la salle de classe pendant le cours)

_____

5. Je... (partir à la maison après le cours)

_____

6. Les autres étudiants… (rester sur le campus après le cours)

_____

7. Moi, je… (rentrer chez moi pour faire les devoirs)

_____

C. La journée d'Éric.   Complete the following passage about what Éric and his family did yesterday by supplying the correct form of the appropriate auxiliary verb **avoir** or **être.**

Éric _____ commencé sa journée à 7h30. D'abord, il _____ fait du jogging dans le

quartier et après, il _____ rentré à la maison où il _____ pris son petit déjeuner.

Ensuite, il _____ allé en ville. L'après-midi, il _____ joué au football avec des amis.

Éric _____ parti à 5h30 pour rentrer à la maison. Hier soir, une amie _____ invité

Éric à dîner chez elle. Alors Vincent, Alice et les autres enfants _____ dîné en ville et ils

_____ allés au cinéma. Toute la famille _____ rentrée très fatiguée à 11h du soir.

D. Tu as passé un bon week-end?   Two friends are talking about the weekend. Complete their conversation by putting the verbs in parentheses into the **passé composé.** Be careful to distinguish which verbs take **avoir** as their auxiliary verb and which ones require **être.**

— Alors, tu _____ (passer) un bon week-end?

— Oui, très bon. Je (J') _____ (aller) à la plage avec ma
   petite amie et ses parents.

— Quand est-ce que vous _____ (partir)?

— Nous _____ (partir) vendredi et nous

   _____ (rentrer) hier.

— Vous _____ (descendre) dans un hôtel?

— Non, nous _____ (faire) du camping.

E. Où sont-ils allés?   Using the indicated verbs, explain what Alice and Vincent Pérez did last Saturday. Make sure you choose the correct auxiliary, **avoir** or **être,** in the **passé composé.**

Exemple: Alice

quitter la maison à 7h30,
faire une promenade,
rentrer à la maison

1. Vincent

rester à la maison,
travailler sur
l'ordinateur

2. Vincent et Alice

aller chez des amis,
parler, boire un verre
de vin, partir

3. Vincent et Alice

rentrer, monter dans
leur appartement

Exemple   Samedi matin, **Alice a quitté la maison à 7h30. Elle a fait une promenade et elle est rentrée à la maison.**

1. Samedi après-midi, _____

_____

_____

2. Samedi soir, _____

_____

_____

3. Vers minuit, _____

_____

_____

F. Et hier?   Now write a paragraph describing Alice's morning, afternoon, and evening yesterday, according to the following illustrations. Do not forget to use connecting words such as **ensuite** and **puis** to sequence events. The first sentence has been done as an example.

Hier matin:

Hier matin, Alice a dormi jusqu'à dix heures du matin. Ensuite...

_____

_____

_____

_____

Hier après-midi:

_____

_____

_____

_____

Hier soir:

_____
_____
_____
_____

Journal. Write a paragraph describing your day yesterday. Say:

- until what time you slept
- what clothes you put on (use **mettre**)
- what time you left your house and where you went
- what you did in the morning, afternoon, and evening
- what time you returned home

_____
_____
_____
_____
_____
_____
_____
_____
_____
_____
_____
_____
_____
_____

Les sorties

COMPÉTENCE 1   *Inviting someone to go out*

By the time you finish this **Compétence,** you should be able to make plans with friends and accept or refuse invitations.

A. On vous invite à...   Imagine that a close friend invites you to do the following things. Accept or refuse each invitation. Use a variety of expressions from p. 208 of the textbook.

Exemple   Tu veux aller au centre commercial avec moi cet après-midi?
            Oui, je veux bien. /
            Non, je regrette mais je ne peux pas. Je dois travailler aujourd'hui.

1. Tu as envie d'aller prendre un verre au café?

_____

2. Est-ce que tu voudrais faire la cuisine ce soir?

_____

3. On va voir le nouveau film avec Tom Cruise?

_____

4. Tu veux aller à l'église avec ma famille ce week-end?

_____

5. Tu es libre pour aller au musée jeudi matin?

_____

B. Invitons des gens!   Invite the indicated people to do the pictured activity. Use a variety of expressions to issue invitations from p. 208 of the textbook.

      1   **2**   **3**   **4**

1. à votre petit(e) ami(e): _____

2. à votre mère: _____

3. à des camarades de classe: _____

4. à des amis: _____

C. Pourquoi pas? Alice is explaining that the following people want to do the activity in the first illustration, but they cannot because they have to do the second. Complete her sentences using the verbs **vouloir, pouvoir,** and **devoir.**

Exemple   Vincent et moi **voulons aller à la plage mais nous ne pouvons pas parce que je dois aller acheter des vêtements pour notre fils.**

1. Éric _____

_____

_____

_____ .

2. Vincent et moi _____

_____

_____

_____ .

3. Les enfants _____

_____

_____

_____ .

D. Je veux bien mais... Explain that the indicated people cannot do what they want because they must do something else. Complete the sentences, using your imagination.

Qu'est-ce qu'ils veulent faire?

> aller au cinéma / ??? / aller à une boum / faire une promenade / regarder la télévision /
> louer une vidéo / aller au café / aller au centre commercial / ???

Qu'est-ce qu'ils doivent faire?

> faire la lessive / faire le ménage / faire des devoirs / préparer les cours / ??? /
> faire de l'exercice / faire la cuisine / aller en ville / préparer un examen

Exemple   Mon frère…
            Mon frère **veut aller au cinéma mais il ne peut pas. Il doit préparer un examen.**

1. Je… _____

_____

Nom _____   Date _____

2. Mes camarades de classe… _____

_____

3. *(au professeur)* Vous… _____

_____

4. *(à votre meilleur[e] ami[e])* Toi, tu… _____

_____

E. Une invitation.   Éric is inviting Michèle to go out again. Complete the following invitation with the present tense of the verbs in parentheses.

ÉRIC: Tu es libre samedi après-midi? Tu _____ (vouloir) faire quelque

           chose avec moi?

MICHÈLE: Je ne _____ (pouvoir) pas parce que je _____

           (devoir) rester à la maison avec mes deux petits frères.

ÉRIC: Ils _____ (pouvoir) venir avec nous si tu _____

           (vouloir). Nous _____ (pouvoir) aller au parc.

MICHÈLE: Bon, d'accord, mais nous _____ (devoir) rentrer avant cinq heures.

Now complete these questions about Éric and Michèle's conversation with the correct forms of the indicated verbs. Then answer each question with a complete sentence.

1. Quand est-ce qu'Éric _____ (vouloir) faire quelque chose avec Michèle?

_____

2. Pouquoi est-ce qu'elle _____ (ne pas pouvoir)?

_____

3. Où est-ce qu'ils _____ (pouvoir) aller tous *(all)* ensemble?

_____

4. À quelle heure est-ce qu'ils _____ (devoir) rentrer?

_____

F. Et vous?   Complete the following questions about yourself and your friends with the correct form of the verb in parentheses. Then answer each question with a complete sentence.

1. Qu'est-ce que vos amis _____ (vouloir) faire le week-end, en général?

_____

2. Qu'est-ce que vous _____ (vouloir) faire ce soir?

_____

3. Quels soirs est-ce que vous _____ (pouvoir) sortir avec vos amis?

_____

4. Généralement, est-ce que vous _____ (devoir) travailler le week-end?

_____

5. Où est-ce qu'on _____ (pouvoir) aller près du campus pour prendre un verre avec des amis?

_____

Journal.   Write a conversation in which you are making plans with a friend for this Friday night and Saturday. Discuss what you want to do, when you can and cannot go out, at what time you should return from the outing(s), and what else you have to do this weekend.

_____

_____

_____

_____

_____

_____

_____

_____

_____

_____

_____

_____

_____

_____

_____

_____

_____

_____

COMPÉTENCE 2   *Talking about how you spend and used to spend your time*

By the time you finish this *Compétence,* you should be able to describe how you generally spend a typical Saturday now, what you did last Saturday, and how you used to spend Saturdays when you were in high school.

A. Un samedi typique.   Complete the description of this family's typical Saturday with the correct form of the verb in parentheses.

Normalement, le samedi je _____ (dormir) jusqu'à six heures du matin. Mon

mari _____ (dormir) un peu plus, jusqu'à six heures et demie ou sept heures.

Généralement, nous _____ (ne pas quitter) la maison le samedi

matin, mais l'après-midi, nous _____ (aller) au parc avec les enfants. Nous

_____ (partir) après le déjeuner *(lunch)* et nous rentrons vers six heures.

Quelquefois le samedi soir, mon mari et moi _____ (sortir) ensemble pour

passer une soirée romantique. Ces nuits-là, les enfants _____ (dormir) chez

mes parents, pas loin d'ici.

Now complete the following questions about this family's typical Saturday with the correct forms of the verbs in parentheses. Then answer each question according to the preceding paragraph.

1. Jusqu'à quelle heure est-ce que cette femme et son mari _____ (dormir) le samedi?

_____

2. Est-ce qu'ils _____ (partir) au travail après le déjeuner?

_____

3. Où est-ce que les enfants _____ (dormir) quand leurs parents

_____ (sortir) pour une soirée romantique?

_____

B. M. Monotone. Poor **M. Monotone** has always done the same thing for years. Here is what he did yesterday. It is exactly the same as what he did years ago. Complete the second paragraph in the imperfect to say what he used to do ten years ago.

Avant de quitter la maison ce matin, M. Monotone **a pris** un café et il **a mangé** un croissant. Il **a quitté** la maison à 7h45 et il **a pris** l'autobus à 7h52 à l'arrêt d'autobus devant son immeuble. Quand il **est arrivé** au bureau, il **est entré** dans son bureau et il **a commencé** à travailler. Il **est resté** devant son ordinateur toute la journée jusqu'à 16h55, quand il **a quitté** son bureau pour rentrer à la maison. De retour à la maison, il **a préparé** son dîner, il **a mangé** et il **a pris** un bain. Après son bain, il **a regardé** la télé pendant une heure avant de se coucher *(going to bed)*.

Avant de quitter la maison tous les jours, M. Monotone _____ un café

et il _____ un croissant. Il _____ la maison à 7h45 et

il _____ l'autobus à 7h52 à l'arrêt d'autobus devant son immeuble.

Quand il _____ au bureau, il _____ dans son bureau

et il _____ à travailler. Il _____ devant son ordinateur toute

la journée jusqu'à 16h55, quand il _____ son bureau pour rentrer à la maison.

De retour à la maison, il _____ son dîner, il _____ et il

_____ un bain. Après son bain, il _____ la télé pendant

une heure avant de se coucher.

C. Au passé et au présent. Write three sentences. In the first sentence, use the present tense to say whether you often do the indicated activity. In the second, use the **passé composé** to say whether you did it last week. Finally, use the imperfect to say whether you used to do it when you were small.

Exemple   manger dans un fast-food
        Maintenant, je mange rarement dans un fast-food.
        La semaine dernière, je n'ai pas mangé dans un fast-food.
        Quand j'étais petit(e), je mangeais souvent dans un fast-food.

1. aller en boîte: _____

_____

_____

2. prendre l'autobus: _____

_____

_____

3. faire la lessive: _____

_____

_____

4. dormir jusqu'à midi le samedi: _____

_____

_____

5. sortir avec des amis le samedi soir: _____

_____

_____

D. À l'école secondaire. Answer the following questions in the imperfect to describe how things were when you were in high school.

1. Comment s'appelait votre lycée?

_____

2. Est-ce que votre lycée était près de chez vous?

_____

3. Preniez-vous l'autobus pour aller au lycée?

_____

4. Est-ce que vous arriviez souvent en retard *(late)*?

_____

5. Est-ce que vous aimiez l'école *(school)*?

_____

6. Qui était votre professeur préféré? Pourquoi aimiez-vous ce professeur?

_____

7. Est-ce que vous faisiez du sport?

_____

8. Est-ce que le sport était important à votre lycée?

_____

9. Alliez-vous souvent aux matchs de football américain de votre lycée?

_____

10. Qu'est-ce que vous faisiez après les cours?

_____

11. Est-ce que vous travailliez?

_____

12. Est-ce que vous pouviez rentrer chez vous tard?

_____

Journal. Write three paragraphs describing your Saturdays. In the first paragraph, use the present tense to say four things you generally do on Saturdays now. In the second paragraph, use the **passé composé** to state four things you did last Saturday. Finally, in the third paragraph, use the imperfect to talk about four things you used to do on Saturdays when you were in high school.

_____

_____

_____

_____

_____

_____

_____

_____

_____

_____

_____

_____

_____

_____

_____

_____

_____

_____

_____

_____

_____

_____

_____

_____

_____

_____

_____

COMPÉTENCE 3   *Talking about the past*

By the time you finish this **Compétence,** you should be able to set the scene and tell what happened in the past in French.

A. Situations.   Vincent is saying where these people were, what they were doing, and what they were wearing when these snapshots were taken. Write what he says, using the verbs in parentheses.

Exemple   Alice... (être, faire, porter)

Alice était en ville.
Elle faisait des courses.
Elle portait une robe.

1. Éric et moi... (être, faire, porter)

_____

_____

_____

2. Alice et moi... (être, faire, porter)

_____

_____

_____

3. Moi, je... (être, faire, porter)

_____

_____

_____

4. Tu... (être, chercher, porter)

_____

_____

_____

5. Éric et son ami... (aller, vouloir, porter)

_____

_____

_____

B. Une sortie. Answer the following questions about the last time you got together with friends at a restaurant for dinner. Use both clauses in your answer.

1. Est-ce que vos amis étaient déjà au restaurant quand vous êtes arrivé(e)?

_____

_____

2. Quelle heure était-il quand vous êtes arrivé(e) au restaurant?

_____

_____

3. Est-ce que vous aviez faim quand vous êtes arrivé(e) au restaurant?

_____

_____

4. Après le repas, êtes-vous parti(e) tout de suite parce que vous étiez fatigué(e) ou est-ce que vous êtes resté(e) au restaurant parce que vous vouliez parler avec vos amis?

_____

_____

_____

5. Quelle heure était-il quand vous avez quitté le restaurant?

_____

_____

C. Leur journée. Put the following sentences into the past. Put the verb stating what happened in the **passé composé** and the verb describing the circumstances in the imperfect. Be careful, the first clause is not always in the imperfect.

Exemple   Il pleut quand Vincent va au parc.
            Il pleuvait quand Vincent est allé au parc.

1. Alice va au bureau parce qu'elle a beaucoup de choses à faire.

_____

2. Éric mange beaucoup au petit déjeuner parce qu'il a très faim.

_____

3. Vincent veut aller voir un film, alors il achète un *Pariscope.*

_____

4. Vincent et les enfants vont au cinéma Rex parce qu'il y a un bon film d'aventures.

_____

5. Alice reste à la maison parce qu'elle est fatiguée après sa longue journée au bureau.

_____

D. Une soirée. Éric is talking about an outing with his girlfriend. Combine the sentences from the two columns to recreate his evening, changing the verbs from the present to the past. Put the italicized verbs setting the scene or describing the situation in the imperfect. Put the italicized verbs stating the sequence of actions in the **passé composé.** The first one has been done as an example.

La scène / La situation

Ma petite amie Michèle *veut* sortir, alors…
Il *est* six heures et demie quand…
Le film *est* un peu bête et il y *a*
    beaucoup de violence, alors…
Je *veux* partir aussi, mais…
Après le film nous *avons* faim, alors…
Le dîner *est* excellent et…
Michèle et moi ne *voulons* pas rentrer, alors…
Il *est* minuit quand…

Les actions

nous *allons* au cinéma.
je *retrouve* Michèle au cinéma.
beaucoup de gens *partent* avant
    la fin *(end)*.
nous *restons*.
nous *dînons* dans un petit restaurant.
je *mange* beaucoup.
nous *prenons* un dessert.
nous *rentrons*.

<u>**Hier soir ma petite amie Michèle voulait sortir, alors nous sommes allés au cinéma.**</u>

_____
_____
_____
_____
_____
_____
_____
_____

E. Une interview. Alice is telling about an interview with an applicant for a position with her company. First read a version in English. As you read, circle the six verbs indicating something that happened in the sequence of events of the interview. Underline the fifteen verbs indicating something that was already true or in progress when something else happened.

When I *arrived* at the office, she *was* already there. She *was* a pleasant young woman but she *looked* very nervous. She *was wearing* a very nice suit and it *was* evident that she really *wanted* to have this position. We *went* into my office and we *began* to talk. She *was* Belgian and she *was going* to finish her studies in Brussels soon, where she *wanted* to work in our new office. She *spoke* not only French, but also English, Dutch, and a little German. We *did* part of the interview in English and her accent *was* excellent. We *spoke* for more than an hour. When she *left*, I *was* almost sure that I *was going* to hire her, but I *could* not say anything because there *were* still two other candidates.

On the next page, put the preceding paragraph into French by conjugating the verbs indicating something that happened in the sequence of events in the **passé composé** and the verbs indicating something that was already true or in progress when something else happened in the imperfect.

Quand je (j') _____ (arriver) au bureau, elle

_____ (être) déjà là. C'_____ (être)

une jeune femme agréable mais elle _____ (avoir) l'air très

nerveuse. Elle _____ (porter) un très beau tailleur et

c'_____ (être) évident qu'elle _____

(vouloir) beaucoup avoir ce poste. Nous _____ (aller) dans

mon bureau et nous _____ (commencer) à parler. Elle

_____ (être) belge et elle _____

(aller) bientôt terminer ses études à Bruxelles où elle _____

(vouloir) travailler dans notre nouveau bureau. Elle _____

(parler) non seulement le français, mais aussi l'anglais, le néerlandais et un peu d'allemand.

Nous _____ (faire) une partie de l'interview en anglais

et son accent _____ (être) excellent. Nous

_____ (parler) plus d'une heure. Quand elle

_____ (partir), je (j') _____ (être)

presque certaine que je (j') _____ (aller) l'embaucher, mais

je ne _____ (pouvoir) rien dire parce qu'il y

_____ (avoir) encore deux autres candidats.

Journal. Write a paragraph in French recounting an interview you had in the past or a recent outing with friends. List as many things as you can that happened in the **passé composé,** setting the scene and giving background information in the imperfect.

_____

_____

_____

_____

_____

_____

_____

_____

_____

_____

_____

_____

COMPÉTENCE 4 *Narrating in the past*

By the time you finish this **Compétence,** you should be able to recount a story in the past in French.

A. Leur départ. David and Catherine, two of Alice's American friends, are going to visit the Pérez family in Paris. Say what happens on the day of their departure by putting the verbs in parentheses in the *present* tense.

Le jour de leur départ, David et Catherine _____ (pouvoir) prendre leur

temps parce que leur avion _____ (partir) à onze heures et demie, alors

David _____ (sortir) faire du jogging à six heures et demie parce qu'il

_____ (vouloir) faire un peu d'exercice. Catherine _____

(vouloir) rester au lit et elle _____ (dormir) encore un peu. Quand David

_____ (rentrer) du parc, ils _____ (prendre) une douche

(shower) et ils _____ (faire) leurs bagages. Ensuite, ils _____

(prendre) tranquillement leur petit déjeuner quand soudainement, David

_____ (remarquer *to notice*) qu'il _____ (être) déjà

dix heures. Ils _____ (devoir) être à l'aéroport au moins une heure avant

leur vol *(flight)*, alors ils _____ (ne pas avoir) beaucoup de

temps. Ils _____ (sortir) rapidement de la cuisine pour aller chercher

leurs bagages et Catherine _____ (aller) dans le salon pour appeler

(to call) un taxi. Le taxi _____ (arriver) vingt minutes plus tard et ils

_____ (partir) pour l'aéroport à onze heures moins le quart. Heureusement

(luckily), ils _____ (arriver) à temps *(in time)* parce que l'avion

_____ (partir) à midi, avec trente minutes de retard *(late)*.

Catherine _____ (être) très fatiguée et elle _____

(dormir) pendant la première heure du film.

B. Et au passé? Now tell what happened to David and Catherine again in the *past*, by putting the verbs in the **passé composé** or the imperfect.

Le jour de leur départ, David et Catherine _____ (pouvoir)

prendre leur temps parce que leur avion _____ (partir) à onze

heures et demie, alors David _____ (sortir) faire du jogging

à six heures et demie parce qu'il _____ (vouloir) faire un

peu d'exercice. Catherine _____ (vouloir) rester au lit et

elle _____ (dormir) encore un peu. Quand David

_____ (rentrer) du parc, ils _____

(prendre) une douche *(shower)* et ils _____ (faire) leurs

bagages. Ensuite, ils _____ (prendre) tranquillement leur petit

déjeuner quand soudainement, David _____ (remarquer *to notice)*

qu'il _____ (être) déjà dix heures. Ils _____

(devoir) être à l'aéroport au moins une heure avant leur vol *(flight),* alors ils

_____ (ne pas avoir) beaucoup de temps. Ils

_____ (sortir) rapidement de la cuisine pour aller chercher

leurs bagages et Catherine _____ (aller) dans le salon pour

appeler *(to call)* un taxi. Le taxi _____ (arriver) vingt minutes

plus tard et ils _____ (partir) pour l'aéroport à onze heures

moins le quart. Heureusement *(luckily),* ils _____ (arriver)

à temps *(in time)* parce que l'avion _____ (partir)

à midi, avec trente minutes de retard *(late).* Catherine _____

(être) très fatiguée et elle _____ (dormir) pendant la première

heure du film.

C. Votre dernier vol *(flight)?* Answer the following questions about your last flight.

1. Est-ce que vous êtes parti(e) bien à l'avance *(in advance)* pour l'aéroport?

_____

2. Est-ce que vous avez dû attendre *(to wait)* à l'aéroport parce que l'avion était en retard *(late)?*

_____

3. Est-ce que vous avez dormi dans l'avion?

_____

4. Avez-vous parlé avec les personnes qui étaient à côté de vous?

_____

D. Le film. When Catherine wakes up in the plane during the movie, here is the scene she sees. Complete each question by putting the verbs in parentheses in the imperfect to set the scene and describe the circumstances. Then imagine an answer to the questions.

1. Est-ce que les deux hommes

    _____ (être)

    amis?

    _____

    _____

    _____

    _____

2. Quel homme _____ (avoir) un très long nez *(nose),* Cyrano ou son ami?

    _____

3. Quel homme _____ (être) beau mais très bête?

    _____

4. Qui _____ (aimer) la femme, Cyrano, son ami ou les deux?

    _____

5. Qu'est-ce que Cyrano _____ (faire) derrière l'arbre? Est-ce qu'il

    _____ (aider) son ami à réciter des poèmes romantiques ou est-ce qu'il

    _____ (espionner *to spy on*) son ami?

    _____

6. Est-ce que la femme _____ (penser) que l'autre homme

    _____ (être) le poète ou est-ce qu'elle savait la vérité *(knew the truth)*?

    _____

E. Et après, qu'est-ce qui s'est passé? Imagine the sequence of events in the story after the scene in ***D. Le film.*** Use the **passé composé** to say whether the following things happened.

1. Cyrano / sortir de derrière l'arbre pour dire la vérité *(to tell the truth)* à la jeune femme

    _____

2. la jeune femme / voir Cyrano derrière l'arbre

    _____

3. la jeune femme / apprendre la vérité

    _____

4. la jeune femme et le bel ami de Cyrano / rester ensemble

_____

5. les poèmes romantiques de Cyrano / gagner l'estime de la jeune femme

_____

6. la jeune femme / quitter l'ami de Cyrano pour être avec le vrai poète

_____

7. ils / rester ensemble pour le reste de leurs vies

_____

Journal. Using _D. Le film_ and _E. Et après, qu'est-ce qui s'est passé?_ as models, tell what happened in a movie you have seen or a book you have read. First use the imperfect to set the scene and describe the characters and their relationships. Use the **passé composé** to say four or five of the most important things that happened.

_____

_____

_____

_____

_____

_____

_____

_____

_____

_____

_____

_____

_____

_____

_____

_____

_____

_____

Nom _____   Date _____

La vie quotidienne

COMPÉTENCE 1 *Describing your daily routine*

By the time you finish this **Compétence,** you should be able to describe your daily routine in French.

A. Que font-ils? What are these people doing? Write sentences in French.

1

2

3

4

5

6

7

8

1. Marcel _____

2. Francine _____

3. Christine _____

4. Lin _____

5. Monique _____

6. Patricia _____

7. Sophie _____

8. Bernard _____

B. Et votre journée? Answer the following questions with complete sentences.

1. Le matin, est-ce que vous vous réveillez tout de suite?

_____

2. Généralement, qui se lève le premier (la première) chez vous?

_____

3. Quel jour est-ce que vous vous levez le plus tôt?

_____

4. Préférez-vous prendre un bain ou une douche?

_____

5. Est-ce que vous vous lavez les cheveux tous les jours?

_____

6. Combien de fois par jour est-ce que vous vous brossez les dents?

_____

7. Est-ce que vous vous habillez avant le petit déjeuner ou après?

_____

8. Avec qui est-ce que vous vous amusez beaucoup?

_____

9. Quand est-ce que vous vous ennuyez?

_____

10. Quand est-ce que vous vous reposez?

_____

C. Un verbe réfléchi ou non?   Patricia is very busy because she has four children and she also teaches at the university. Here is a description of her typical day. Complete each sentence with the correct form of the reflexive or non-reflexive verb, according to the context.

Patricia _____ (lever, se lever) vers six heures, elle prend sa douche

et elle _____ (habiller, s'habiller). Vers sept heures,

elle _____ (réveiller, se réveiller) ses enfants et elle

_____ (habiller, s'habiller) la plus jeune. À l'université, les étudiants

aiment beaucoup les cours de Patricia parce qu'ils ne (n') _____

(ennuyer, s'ennuyer) jamais dans son cours; ils _____ (amuser, s'amuser)

toujours. De retour à la maison, Patricia voudrait _____ (reposer, se

reposer) un peu, mais elle n'a pas le temps.

    D'abord, elle _____ (préparer, se préparer) le dîner pour la famille et

ensuite, vers huit heures, elle _____ (coucher, se coucher) les enfants.

Après ça, elle commence à préparer ses cours pour le lendemain _(the next day)_ et elle ne

_____ (coucher, se coucher) jamais avant minuit. Patricia est très

occupée _(busy)_ mais elle ne (n') _____ (ennuyer, s'ennuyer) jamais.

D. Les verbes et les noms. Skim the reading «**Il n'est jamais trop tard!**» on pages 252–253 of the textbook and find the verb from the same word family as each of the following nouns. If you are not sure of the infinitive of a conjugated verb, consult a dictionary.

Exemple   un habitant   **habiter**

1. un retour   _____
2. une plante   _____
3. un passage   _____
4. un regard   _____
5. un arrêt d'autobus _____
6. la ressemblance   _____
7. une décision   _____
8. un rêve   _____

E. Maintenant et autrefois. Reread «**Il n'est jamais trop tard!**» on pages 252–253 of the textbook. Here are a few details about André and Rosalie's current lives. Use the imperfect tense to describe their lives just after the Second World War (**la guerre**).

Exemple   Maintenant, André *a* soixante-dix ans et il ne *travaille* plus.
          Juste après la guerre, André avait dix-huit ans et il travaillait.

1. Maintenant, Rosalie *habite* à Atlanta.

_____

2. Maintenant, André *est* amoureux de Rosalie.

_____

3. Maintenant, Rosalie *comprend* qu'il l'*aime.*

_____

4. Maintenant, Rosalie *est* veuve.

_____

F. André ou Rosalie? Review «**Il n'est jamais trop tard!**» on pages 252–253 of the text-book and indicate whether each sentence describes **André** or **Rosalie.** Write the appropriate name in the blank.

1. _____ est célibataire.

2. _____ est veuve.

3. _____ est tombé amoureux de _____ il y a très

longtemps mais _____ s'est mariée avec un soldat _(soldier)_ américain.

4. _____ a des enfants et des petits-enfants.

5. L'amour de (d') _____ pour _____, après toutes

ces années, est un exemple du grand amour _(true love)_.

Journal. Write two paragraphs, one describing your daily routine on Mondays and the other describing your typical Saturday. Use at least six different reflexive verbs.

Le lundi _____

_____

_____

_____

_____

_____

_____

_____

_____

Le samedi _____

_____

_____

_____

_____

_____

_____

_____

_____

_____

Nom _____   Date _____

C O M P É T E N C E 2   *Talking about relationships*

By the time you finish this **Compétence,** you should be able to talk about personal relationships.

A. Un couple heureux.   Say whether two people who love each other do the following things.

Exemple   se respecter
                Oui, ils se respectent.

1. se parler de tout

_____

2. se disputer souvent

_____

3. se détester

_____

4. se comprendre bien

_____

5. s'entendre bien

_____

B. Votre meilleur(e) ami(e) et vous.   Say whether your best friend and you do the things mentioned in *A. Un couple heureux.*

Exemple   **Oui, nous nous respectons. / Non, nous ne nous respectons pas.**

1. _____
2. _____
3. _____
4. _____
5. _____

C. Et vous?   Answer the following questions with complete sentences.

1. Quand vous sortez avec un groupe d'amis, où est-ce que vous vous retrouvez généralement?

_____

2. Quand vous sortez en groupe, est-ce que tous vos amis s'entendent bien?

_____

3. Est-ce que vous vous entendez bien avec tous vos amis?

_____

4. Avez-vous des amis qui refusent de se parler?

_____

5. Avec qui est-ce que vous vous disputez quelquefois?

_____

6. Quand vous vous disputez, est-ce que vous vous réconciliez tout de suite ou est-ce que ça prend du temps?

_____

D. Descriptions. Using an item from each column, write two sentences for each subject given below.

	aller	se coucher tôt / tard
	aimer	se lever tôt / tard
	préférer	s'ennuyer en classe
(ne)	devoir (pas)	s'amuser le / ce week-end
	vouloir	se raser tous les jours
	pouvoir	se maquiller
	avoir envie de	s'habiller pour sortir
	avoir besoin de	se brosser les cheveux / les dents

Exemple   Moi, je **n'aime pas m'ennuyer en classe. Je veux m'amuser ce week-end.**

Moi, je _____

_____

Mes amis et moi, nous _____

_____

Mon meilleur ami (Ma meilleure amie) _____

_____

Mon père (Ma mère) _____

_____

En général, les étudiants _____

_____

E. Et demain?   You are talking to your best friend about plans for tomorrow. How would you ask if he/she and others are going to do the following things?

Exemple   tu / se lever tôt ou tard
            Tu vas te lever tôt ou tard?

1. tes parents et toi, vous / se retrouver au restaurant pour dîner:_____

_____

2. nous / se voir: _____

3. on / s'amuser ensemble: _____

4. tu / se laver les cheveux: _____

5. tu / se coucher tôt ou tard: _____

Now imagine that your best friend asks you the preceding questions. Answer each one with a complete sentence.

1. _____

2. _____

3. _____

4. _____

5. _____

F. Les verbes en -re.   Complete the following description of Rosalie's date with André in the present tense with the correct forms of the **-re** verbs indicated in parentheses. Remember to use the simple present tense to say someone *is doing* something (*I am waiting* = **j'attends**).

Rosalie _____ *(hears)* le téléphone sonner *(ring).* Elle _____

(answers) et c'est André qui veut _____ *(to visit)* à Rosalie chez son frère.

Rosalie préfère aller prendre un verre au café en ville. Quand elle arrive à l'arrêt d'autobus

pour aller retrouver André en ville, elle rencontre deux vieilles amies de son enfance

(childhood) qui _____ *(are waiting)* l'autobus. En ville, ses amies

_____ *(get off)* de l'autobus au même arrêt que Rosalie et elles parlent

pendant plus de trente minutes. Quand Rosalie arrive au café, elle est très en retard *(late),*

mais André _____ *(is waiting)* patiemment parce qu'il ne

_____ *(loses)* presque jamais patience.

Now tell the preceding story in the past, putting each verb in the **passé composé** or the imperfect. Remember to use the **passé composé** to list the sequence of events that took place and the imperfect to describe something that was already in progress when something else happened.

Rosalie _____ le téléphone sonner. Elle

_____ et c' _____

André qui voulait rendre visite à Rosalie chez son frère. Rosalie _____

aller prendre un verre au café en ville. Quand elle _____ à l'arrêt

d'autobus pour aller retrouver André en ville, elle _____ deux

vieilles amies de son enfance qui _____ l'autobus. En ville, ses

amies _____ de l'autobus au même arrêt que Rosalie et elles

_____ pendant plus de trente minutes. Quand Rosalie

_____ au café, elle _____

très en retard, mais André _____ patiemment parce qu'il ne perd

presque jamais patience.

G. Et vous? Say what you and your friends do by conjugating the verbs in the present tense. Negate sentences as necessary in order to describe each person.

Exemple Que fait votre père quand il a quelques jours de vacances?
(rendre visite à ses parents) Il **(ne) rend (pas)** visite à ses parents.

1. Que font vos amis quand vous avez rendez-vous et vous êtes en retard *(late)*?

   (attendre patiemment) Ils _____.

   (perdre patience) Ils _____.

2. Que faites-vous quand vous voyagez?

   (descendre souvent dans un hôtel de luxe) Je _____.

   (perdre souvent des bagages) Je _____.

3. Que faites-vous avec vos voisins *(neighbors)*?

   (s'entendre bien) Nous _____.

   (se rendre souvent visite) Nous _____.

Journal. Describe a relationship you have with a friend, a family member or a boyfriend/girlfriend. How often do you telephone each other? How often do you get together and what activities do you enjoy together? What do you do with and for each other? Do you talk to each other about everything? How do you get along and when do you argue? Do you have plans for the future together?

_____

_____

_____

_____

_____

_____

_____

_____

_____

_____

_____

_____

_____

Nom _____   Date _____

COMPÉTENCE 3   *Talking about what you did and used to do*

By the time you finish this ***Compétence,*** you should be able to tell the story of a happy couple's relationship.

A. Qui a fait ça?   Using the **passé composé,** tell who did the following things yesterday. Note that the verbs with an asterisk do not require agreement of the past participle.

Exemple   s'amuser ensemble: **Mes amis se sont amusés ensemble.**

Exemple mes amis

Alain

le frère jumeau d'Alain

Alain et Martine

Alice

Alice et son amie

André et Rosalie

David et Monique

Karim

Yves

Karim

Patricia et son mari

1. s'endormir sur le canapé: _____

2. s'ennuyer: _____

3. *se parler au téléphone: _____

4. se promener au parc: _____

5. *s'écrire: _____

6. s'embrasser: _____

7. se rencontrer à l'université: _____

8. se reposer un peu dans son fauteuil: _____

9. se lever avec beaucoup d'énergie: _____

10. s'habiller pour sortir: _____

11. se coucher tard: _____

B. Ce matin. Rosalie is talking about her day. Complete her description by putting the verbs in parentheses in the **passé composé.**

Je _____ (se réveiller) vers sept heures ce matin et Rose _____

_____ (se lever) un peu plus tard. Je (J') _____

(faire) ma toilette et Rose _____ (se laver) les cheveux

et _____ (se maquiller) avant de sortir. Nous

_____ (aller) en ville et nous _____

_____ (bien s'amuser). Nous _____

_____ (faire) du shopping, puis nous _____ (aller)

dans un café où nous _____ (prendre) un verre et nous

_____ (se reposer) un peu. Après le café,

nous _____ (se quitter). Rose et ses amis

_____ (se retrouver) pour aller au cinéma.

Moi, je _____ (se promener) un peu en ville,

puis je (j') _____ (rentrer) à la maison.

C. Un souvenir du passé. André is telling about the first time he went to declare his love to Rosalie years ago. Complete what he says by putting the verbs in the **passé composé** or the imperfect.

C'_____ (être) en 1945.

J'_____ (avoir) dix-huit ans et

j'_____ (être) amoureux fou de Rosalie.

Je (J') _____ (vouloir) dire à Rosalie combien je

l'_____ (aimer), mais j'_____ (être)

très timide et j'_____ (avoir) très peur de parler d'amour à

une femme. Un beau jour, je (j') _____ (décider) de déclarer

mon amour à Rosalie. Je (J') _____ (prendre) des fleurs de

mon jardin pour faire un bouquet, je (j') _____ (prendre) mon

vélo et je (j') _____ (aller) chez Rosalie. Mais quand

je (j') _____ (arriver) chez elle, je (j') _____

(trouver) Rosalie en compagnie d'un soldat (*soldier*) américain. Elle

_____ (regarder) cet homme d'un regard de femme amoureuse.

Alors, je _____ (ne pas parler) avec elle et

je _____ (rentrer) chez moi. Peu après ça, Rosalie

_____ (se marier) avec ce soldat américain et

elle _____ (partir) vivre *(to live)* aux États-Unis.

D. La rencontre.   Rosalie recounts how she and André met again after all of these years.
What does she say? Write a logical paragraph, using the following verbs and expressions in the
passé composé. Remember that **se parler** does not require agreement of the past participle.

    se regarder   **s'embrasser**   **se parler**

    se promener en ville   **se quitter**

André est venu chez mon frère. Nous nous…

_____

_____

_____

_____

_____

_____

_____

_____

_____

_____

_____

_____

_____

E. Dans ma famille. Describe your family by answering the following questions in the **passé composé** or imperfect, as in the question.

1. Où est-ce que vos parents se sont rencontrés?

_____

2. Est-ce qu'ils se sont mariés tout de suite?

_____

3. Est-ce que vous vous disputiez souvent avec vos frères et vos sœurs quand vous étiez petit(e)?

_____

4. Avec qui est-ce que vous vous entendiez le mieux *(the best)*?

_____

5. Est-ce qu'on s'embrassait souvent dans votre famille?

_____

6. De quoi *(About what)* est-ce que vous parliez généralement pendant les repas?

_____

Journal. Describe a happy couple that you know. Briefly tell the story of their early days together and their relationship up to now. Also explain why they continue to get along.

_____

_____

_____

_____

_____

_____

_____

_____

_____

_____

_____

_____

_____

COMPÉTENCE 4   *Saying what you just did*

By the time you finish this ***Compétence,*** you should be able to say what just happened.

A. D'où reviennent-ils?   From where is each person coming back? Complete each sentence or question with the correct form of **revenir** and the place depicted in the corresponding illustration.

la banque / chez le fleuriste / la pharmacie / le magasin de musique / le bureau de poste /
le guichet automatique / la teinturerie / le supermarché

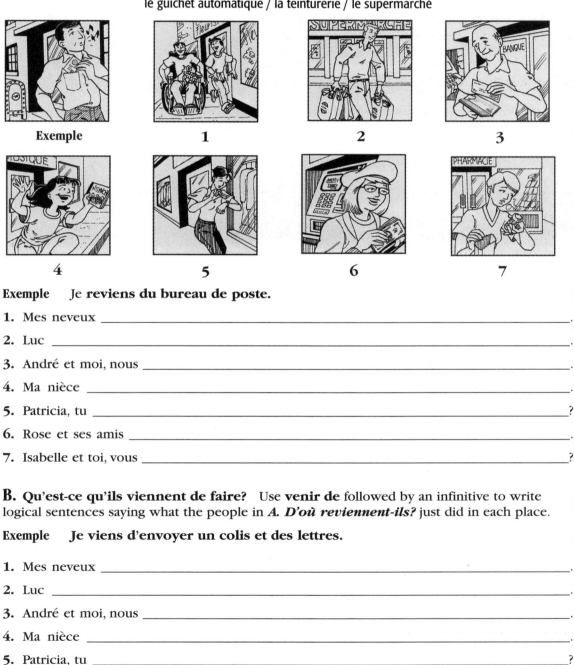

Exemple   1   2   3

4   5   6   7

Exemple   Je **reviens du bureau de poste.**

1. Mes neveux _____ .

2. Luc _____ .

3. André et moi, nous _____ .

4. Ma nièce _____ .

5. Patricia, tu _____ ?

6. Rose et ses amis _____ .

7. Isabelle et toi, vous _____ ?

B. Qu'est-ce qu'ils viennent de faire?   Use **venir de** followed by an infinitive to write logical sentences saying what the people in *A. D'où reviennent-ils?* just did in each place.

Exemple   **Je viens d'envoyer un colis et des lettres.**

1. Mes neveux _____ .

2. Luc _____ .

3. André et moi, nous _____ .

4. Ma nièce _____ .

5. Patricia, tu _____ ?

6. Rose et ses amis _____.

7. Isabelle et toi, vous _____?

C. Tout à l'heure et maintenant.   The Pérez family and their friends are thinking about what they just did. Complete their statements saying what they just did and what they are going to do now.

Exemple   Moi, je **viens de dormir. Maintenant, je vais faire du jogging.**

| Exemple | 1 | 2 |

| 3 | 4 | 5 |

1. Le chien et moi, nous _____

_____.

2. Éric et Cathy _____

_____.

3. Vincent _____

_____.

4. Nos voisins (*neighbors*) _____

_____.

5. Michel _____

_____.

D. Qu'est-ce qu'on vient de faire?   Which activity did the following people just do and which are they going to do now? Write sentences using the verbs in the logical order.

Exemple   s'habiller / prendre un bain
                     Je viens de prendre un bain, alors je vais m'habiller.

1.   se fiancer / se marier

        André et Rosalie _____.

2. se brosser les dents / manger

Je _____.

3. se coucher / s'endormir

Mon fils _____.

4. s'installer dans un appartement plus grand / avoir un bébé

Nous _____.

5. avoir le coup de foudre / se marier

Tu _____?

E. Maintenant ou il y a longtemps? Use the **passé composé** to say which thing Rosalie and André did a long time ago and **venir de** with the infinitive to say which one they just did.

Exemple Rosalie (se marier avec un Américain, perdre son mari)
  Rosalie s'est mariée avec un Américain il y a longtemps. Elle vient de perdre son mari.

1. Rosalie (retourner à Rouen, aller habiter aux États-Unis)

_____

_____

2. André (tomber amoureux de Rosalie, l'embrasser pour la première fois)

_____

_____

3. André et Rosalie (se retrouver après toutes ces années, se rencontrer la première fois)

_____

_____

F. Et vous? Answer each question with a complete sentence in French.

1. Est-ce que vous avez beaucoup d'énergie quand vous venez de vous réveiller le matin?

_____

_____

2. Qu'est-ce que vous faites généralement quand vous venez de rentrer à la maison à la fin de la journée?

_____

_____

3. Vers quelle heure est-ce que vous devenez fatigué(e) en général?

_____

_____

4. Est-ce que des amis téléphonent quelquefois quand vous venez de vous coucher?

_____

_____

5. Avec qui est-ce que vous devenez furieux (furieuse) quelquefois? Qu'est-ce que cette personne vient de faire quand vous devenez furieux (furieuse)?

_____

_____

6. Avec qui est-ce que vous vous disputez quelquefois? Quand est-ce que vous ne vous entendez pas bien? Quand vous venez de vous disputer, est-ce que vous vous réconciliez tout de suite?

_____

_____

Journal. Describe a person with whom you sometimes argue. Do you generally get along? Why do you argue? Do you get furious with this person? Do you make up? After how much time? Do you hug when you have just made up? You may add any other details you wish to describe your relationship.

_____

_____

_____

_____

_____

_____

_____

_____

_____

_____

_____

_____

_____

_____

_____

_____

Nom _____   Date _____

CHAPITRE 8

La bonne cuisine

C O M P É T E N C E 1   *Ordering at a restaurant*

By the time you finish this **Compétence,** you should be able to describe a meal at a restaurant.

A. Un dîner. Write the names of the illustrated foods in the appropriate column.

Une entrée (un hors-d'œuvre)

_____

_____

_____

_____

Une viande, une volaille ou un fruit de mer

_____

_____

_____

_____

Un légume

_____

_____

_____

Un dessert

_____

_____

_____

B. Qu'est-ce que c'est? Ask someone to pass you the following things.

Exemple 1 2 3

4 5 6 7

Exemple Pouvez-vous me passer **le pain**, s'il vous plaît?

1. Pouvez-vous me passer _____, s'il vous plaît?

2. Pouvez-vous me passer _____, s'il vous plaît?

3. Pouvez-vous me passer _____, s'il vous plaît?

4. Pouvez-vous me passer _____, s'il vous plaît?

5. Pouvez-vous me passer _____, s'il vous plaît?

6. Pouvez-vous me passer _____, s'il vous plaît?

7. Pouvez-vous me passer _____, s'il vous plaît?

C. Je voudrais... Use the partitive article, **du, de la, de l'**, or **des**, to say that you would like some of each item pictured in *B. Qu'est-ce que c'est?*

Exemple Je voudrais **du pain**, s'il vous plaît.

1. Je voudrais _____, s'il vous plaît.

2. Je voudrais _____, s'il vous plaît.

3. Je voudrais _____, s'il vous plaît.

4. Je voudrais _____, s'il vous plaît.

5. Je voudrais _____, s'il vous plaît.

6. Je voudrais _____, s'il vous plaît.

7. Je voudrais _____, s'il vous plaît.

Nom _____   Date _____

D. Au restaurant. You are ordering the following things at a restaurant. Answer the waiter's questions.

LE SERVEUR: Que voulez-vous comme entrée?

VOUS: _____

LE SERVEUR: Et comme plat principal?

VOUS: _____

LE SERVEUR: Et avec ça, des carottes ou du riz?

VOUS: _____

LE SERVEUR: Et comme boisson?

VOUS: _____

Plus tard:

LE SERVEUR: Est-ce que vous allez prendre un dessert ce soir?

VOUS: _____

E. Qu'est-ce que vous mangez? Complete the following questions with **du, de la, de l', des,** or **de (d').** Then answer each question to describe your eating habits.

1. Est-ce que vous mangez _____ viande à chaque repas?

_____

2. Faites-vous la cuisine avec beaucoup _____ sel et _____ poivre?

_____

3. Au petit déjeuner, prenez-vous _____ café, _____ jus de fruit, _____ lait ou

_____ eau?

_____

4. Mangez-vous beaucoup _____ poisson ou _____ fruits de mer?

_____

5. Quand on mange _____ poisson, est-ce qu'on prend _____ vin blanc ou _____ vin rouge généralement?

_____

6. Voudriez-vous manger _____ escargots ou _____ fromage français comme le camembert ou le brie?

_____

7. Mangez-vous assez _____ légumes?

_____

8. Pour un repas léger *(light)*, préférez-vous manger _____ soupe ou _____ salade?

_____

Journal. Write a paragraph describing your last dinner at an elegant restaurant. Say:

- to what restaurant you went
- how the restaurant was
- with whom you ate
- what each person ordered to eat and drink
- how the food was

_____

_____

_____

_____

_____

_____

_____

_____

_____

_____

_____

_____

_____

_____

_____

_____

COMPÉTENCE 2 *Buying food*

By the time you finish this **Compétence,** you should be able to talk about where you buy groceries and what you frequently buy.

A. Qu'est-ce qu'on peut y acheter? Name at least three things you can buy in each of the following places.

Exemple À la boucherie, on peut acheter du bœuf, du porc et du poulet.

1. _____

   _____

   _____

   _____

2. _____

   _____

   _____

   _____

3. _____

   _____

   _____

   _____

4. _____

   _____

   _____

   _____

B. Dans quel magasin? Tell in which store besides the supermarket you can buy the following things in France.

Exemple   1   2   3

Exemple   On peut acheter du pain à la boulangerie.

1. _____

2. _____

3. _____

C. Qu'est-ce qu'il faut?   Give at least two ingredients required to make the following dishes.

Exemple   un sandwich au pâté
Il faut du pain et du pâté.

1. une omelette au jambon: _____

2. une salade de fruits: _____

3. un sandwich au fromage: _____

4. une soupe à l'oignon: _____

5. une soupe de légumes: _____

D. Les quantités.   You are buying groceries. Complete the following sentences with a logical item for each quantity given.

Exemple   Je voudrais un kilo **de pommes de terre,** s'il vous plaît.

1. Il me faut une douzaine _____, s'il vous plaît.

2. Donnez-moi cinq tranches _____, s'il vous plaît.

3. J'ai besoin d'une bouteille _____, s'il vous plaît.

4. Je voudrais aussi cent grammes _____, s'il vous plaît.

5. Et donnez-moi un morceau _____ aussi, s'il vous plaît.

6. Et avec ça, une livre _____, s'il vous plaît.

E. Le partitif. André has invited some friends over for dinner. Complete the following descriptions of his preparations with **du, de la, de l', des, de,** or **d'.**

André a beaucoup _____ courses à faire avant le dîner! D'abord, il doit acheter _____ boissons: _____ vin, _____ jus de fruit, _____ bière et deux bouteilles _____ eau minérale. Ensuite, il va aller à la charcuterie pour acheter _____ pâté, _____ saucisson et une livre _____ jambon pour les canapés. Enfin, il va passer à la boulangerie pour acheter _____ pain, _____ tartelettes et une douzaine _____ croissants. Pauvre André!

F. Un dîner de fiançailles (engagement). Complete the following story by circling the logical article in parentheses.

Rose a décidé de faire (un, le) dîner pour Rosalie et André. Elle est allée au marché où elle a acheté tous (les, des) ingrédients pour préparer (le, du) poulet au cidre doux, (une, de la) spécialité de la région. Rose espérait aussi trouver (la, une) bonne bouteille (du, de) champagne parce qu'elle voulait célébrer les fiançailles de sa grand-mère et de son futur grand-père. Elle a demandé dans plusieurs (several) magasins, mais personne n'avait (du, de) champagne.

Comme c'était curieux! Quand elle est rentrée à (la, une) maison, elle a commencé à tout préparer dans (la, une) cuisine. Elle travaillait tranquillement quand soudain Rosalie est entrée.

— Bonjour, mamie, dit Rose, je prépare (le, un) bon dîner pour André et toi! C'est pour célébrer vos fiançailles.

— Merci, Rose, c'est très gentil! Mais tu sais, il te manque (you're missing) (une, de la) chose obligatoire pour (la, une) fête de fiançailles (engagement party) normande...

— Oui, je sais, mais je n'ai pas pu trouver (du, de) champagne en ville....

— Mais non! Ici en Normandie on préfère (le, un) cidre bouché, c'est (une, de la) vieille tradition. Mais ne t'inquiète pas... J'ai fait des courses et j'ai acheté deux bouteilles (du, de) cidre, alors nous en avons pour ce soir!

Now complete the following questions with the appropriate article, then answer them according to the preceding passage.

1. Est-ce que Rose voulait acheter _____ bouteille _____ vin rouge ou _____ champagne?

_____

2. Elle a acheté tous _____ ingrédients pour faire _____ spécialité de la région. Est-ce qu'elle a acheté _____ poulet ou _____ canard?

_____

3. En Normandie, est-ce qu'on préfère _____ cidre (m) ou _____ champagne (m) pour _____ fête (f) de fiançailles?

_____

Journal. Write a paragraph describing where and when you generally go grocery shopping, what you generally buy a lot of, and what you do not buy much of.

_____

_____

_____

_____

_____

_____

_____

_____

_____

_____

_____

_____

_____

_____

_____

_____

_____

COMPÉTENCE 3   *Talking about meals*

By the time you finish this **Compétence,** you should be able to describe your typical breakfast, lunch, and dinner.

A. Le petit déjeuner. Write the names of foods and drinks people have for breakfast in the United States or Canada and those they have in France. Then compare them by answering the questions that follow. Use the partitive article with each item: **du, de la, de l', or des.**

un petit déjeuner américain ou canadien

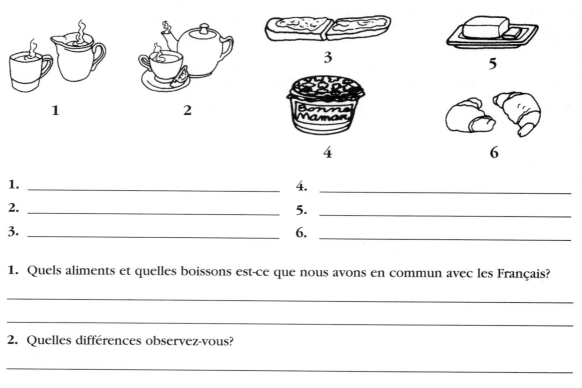

1. _____	5. _____
2. _____	6. _____
3. _____	7. _____
4. _____	

un petit déjeuner français

1. _____	4. _____
2. _____	5. _____
3. _____	6. _____

1. Quels aliments et quelles boissons est-ce que nous avons en commun avec les Français?

_____

_____

2. Quelles différences observez-vous?

_____

_____

B. Que mange-t-on? Name at least three things you can have for the following meals.

1. un déjeuner dans un fast-food, style américain

_____

_____

2. un dîner dans un restaurant élégant

_____

_____

C. Qu'est-ce qu'ils boivent? Name a beverage the following people probably drink on the indicated occasion. Complete each sentence with the verb **boire** and a logical drink.

Exemple   vos amis et vous, pour un pique-nique à la plage
         Nous **buvons de l'eau minérale et du coca.**

1. des amis, pour leur anniversaire de mariage

   Ils _____

2. un ami, pour une soirée de football télévisé avec des amis

   Il _____

3. vos camarades de classe et vous, après un examen difficile

   Nous _____

4. vous, pour l'anniversaire de votre petite nièce ou de votre petit neveu de quatre ans

   Je _____

D. Préférences. First say whether you like the following foods. Remember to use the definite article (**le, la, l', les**) with nouns after verbs indicating likes or preferences. Then say how much you eat of each one, using **en** with **beaucoup, assez,** or **(très) peu.**

Exemple   **Je n'aime pas beaucoup la viande.**
         J'en mange très peu.

1. _____

   _____

2. _____
_____

3. _____
_____

4. _____
_____

5. _____
_____

6. _____
_____

7. _____
_____

E. Quantités. Answer the following questions, replacing the italicized words with **en.**

Exemple Prenez-vous beaucoup *de sucre* dans votre café?
Je n'en prends pas (beaucoup) dans mon café.

1. Buvez-vous quelquefois *du vin* avec le dîner?

_____

2. Mangez-vous souvent *des hamburgers?*

_____

3. Buvez-vous *du café* le matin?

_____

4. Savez-vous où on peut acheter *du pain français* ici?

_____

5. Avez-vous mangé *du fromage Neufchâtel de Normandie?*

_____

F. Les verbes en -ir. Complete the following questions with the correct form of the logical -ir verb in parentheses. Then answer each question with a complete sentence.

1. Quand vous allez dîner au restaurant avec votre meilleur(e) ami(e), qui

_____ (finir, choisir) le restaurant généralement?

_____

2. Généralement, est-ce que vous _____ (finir, maigrir) le repas avec un dessert?

_____

3. Si vous louez une vidéo, est-ce que vous _____ (grossir, choisir) le plus souvent un film d'amour, une comédie ou un film d'aventures?

_____

4. Est-ce que vous _____ (rougir, réussir) à comprendre certaines phrases quand vous regardez un film français en version originale?

_____

Journal. Describe your breakfast, lunch, and dinner on a typical day. For each meal explain:

where you eat / at what time you eat / with whom you eat / what you eat and drink

Au petit déjeuner _____

_____

_____

_____

_____

Au déjeuner _____

_____

_____

_____

_____

Au dîner _____

_____

_____

_____

_____

COMPÉTENCE 4   *Choosing a healthy lifestyle*

By the time you write your journal entry for this **Compétence**, you should be able to say what you would change, if you could, to have a healthier lifestyle.

A. La bonne santé.   Answer the following questions about your health with complete sentences.

1. Est-ce que vous faites très attention à votre santé?

_____

2. Qu'est-ce que vous avez besoin de faire pour rester en forme?

_____

3. Quand vous êtes malade, est-ce que vous allez voir le médecin *(doctor)* généralement?

_____

4. Est-ce que vous évitez le tabac et l'alcool?

_____

5. Est-ce que vous faites de la musculation ou de l'aérobic?

_____

6. Pour maigrir, est-ce que vous préférez manger moins ou faire de l'exercice?

_____

7. Pour éviter les matières grasses, quels aliments *(foods)* est-ce qu'on devrait éviter?

_____

8. Quels aliments est-ce qu'on devrait manger si on voulait manger plus de protéines?

_____

B. Combien?   Use **en** and **plus, moins,** or **autant** *(as much)* to say if you did the following things *more, less,* or *as much* when you were in high school as now. Put the verbs in the imperfect.

Exemple   faire de l'exercice
             J'en faisais plus (moins, autant) que maintenant.

1. boire de l'eau minérale: _____

2. manger de la viande: _____

3. faire de l'aérobic: _____

4. prendre des vitamines: _____

5. avoir du stress: _____

6. boire du café: _____

C. Que feriez-vous? If you wanted to improve your health, would you do the following things? Put the verbs in the conditional.

Exemple   dormir toute la journée: **Non, je ne dormirais pas toute la journée.**

1. faire plus d'exercice: _____

2. éviter le stress: _____

3. boire beaucoup d'alcool: _____

4. aller à un club de gym: _____

5. choisir des plats sains: _____

6. être au régime: _____

7. se coucher plus tôt: _____

8. manger beaucoup de légumes: _____

D. Maigrir ou grossir? Say whether one would have the indicated results if one often ate or drank the illustrated items. Use a **si** (*if*) clause with the imperfect and the conditional.

Exemple   1   2

3   4   5

Exemple   maigrir: **Si on mangeait souvent du bifteck, on ne maigrirait pas.**

1. maigrir: _____

2. éviter les matières grasses: _____

3. rester en bonne santé: _____

4. grossir: _____

5. avoir plus d'énergie: _____

E. Soyons polis! You are eating with friends at a restaurant. Rewrite the following questions in the conditional so that they sound more polite.

1. Voulez-vous une table à l'intérieur ou sur la terrasse?

_____

2. Avez-vous une autre table?

_____

3. Est-ce que nous pouvons voir le menu?

_____

4. Veux-tu manger des escargots?

_____

5. Quel vin est bon avec ce plat?

_____

6. Peux-tu me passer le sel?

_____

F. Dans ces conditions. What would you do in the following conditions? Complete each sentence in the left column with an ending from the right column. Put the verb in the right column in the conditional.

Si nous avions faim, nous...	ne pas prendre beaucoup de dessert
Si les enfants avaient sommeil, ils...	boire de l'eau
Si nous avions soif, nous...	mettre un pull
Si j'avais froid, je...	manger quelque chose
Si j'avais tort, je...	ne pas avoir raison
Si Rose voulait maigrir, elle...	faire la sieste *(take a nap)*
Si Rosalie et André avaient peur, ils...	ne pas se marier

Exemple   **Si nous avions faim, nous mangerions quelque chose.**

1. _____
2. _____
3. _____
4. _____
5. _____
6. _____

G. Si... Say what you would do under the following conditions. Complete each sentence with the indicated verb in the conditional.

1. Si je sortais ce soir pour un dîner spécial, _____

_____ (aller).

2. Si j'invitais mon professeur de français chez moi pour dîner, _____

_____ (préparer).

3. Si j'avais plus de temps libre, _____

_____ (aimer).

4. Si je ne faisais pas mes devoirs en ce moment, _____

_____ (pouvoir).

H. Dans quelles conditions?   Under what conditions would you do the following?
Complete each sentence with a verb in the imperfect.

1. Je serais en meilleure santé si _____ .

2. Je serais très stressé(e) si _____ .

3. J'aurais moins de problèmes si _____ .

4. Je ne ferais rien aujourd'hui si _____ .

Journal.   How would your life be if things were perfect? Write at least eight sentences
saying what changes there would be and what would stay the same.

Si ma vie était parfaite... _____

_____

_____

_____

_____

_____

_____

_____

_____

_____

_____

_____

_____

_____

_____

_____

_____

En vacances

COMPÉTENCE 1 *Talking about vacation*

By the time you finish this *Compétence,* you should be able to talk about your vacation plans.

A. Où passeront-ils leurs vacances? Look at the following illustrations and say where the indicated people will spend their vacation this year. Also name two or three things that they will perhaps do in the indicated place. Use the future tense.

visiter des sites historiques / admirer les paysages / profiter des activités culturelles / bronzer / goûter la cuisine locale / ??? / faire des randonnées / faire du ski / aller au théâtre / visiter des musées / se reposer / travailler dans le jardin / ??? / faire du bateau

Exemple **Mes parents passeront leurs vacances à la maison.**
Ils se reposeront et ils travailleront dans leur jardin.

mes parents

1. _____
_____
_____
_____

Maryse

2. _____
_____
_____
_____

Éric et Thomas

3. _____
_____
_____
_____

mon frère

4. _____
_____
_____
_____

ma tante et mon oncle

B. Vos vacances cette année. You are talking with a friend about your vacation this year. Complete the conversation, explaining what you plan to do. If you do not have vacation plans yet, use your imagination.

—Tu vas à la mer cette année?

— _____

—Tu vas y aller en avion?

— _____

—Qu'est-ce que tu feras là-bas?

— _____

—Combien de temps est-ce que tu y resteras?

— _____

—Quand est-ce que tu partiras?

— _____

—Avec qui passeras-tu les vacances?

— _____

C. Futur ou conditionnel? In the following paragraph, you are telling a friend in the conditional what you would do if he could accompany you on vacation to Guadeloupe. You later find out that he might actually be able to go with you. Rewrite the paragraph, putting the italicized verbs in the future to say what will happen if he makes the trip. The first one has been done as an example.

Si tu allais en vacances avec nous, tu *verrais* des choses magnifiques. En Guadeloupe, on *rencontrerait* beaucoup de gens intéressants et on *mangerait* de la cuisine créole. Le paysage *serait* très beau aussi. On *visiterait* un volcan dormant et on *ferait* du bateau dans l'eau claire de la mer des Antilles. Nous nous *amuserions* et tu *aimerais* beaucoup la Guadeloupe.

Si tu vas en vacances avec nous, tu **verras** des choses magnifiques. En Guadeloupe, on

_____ beaucoup de gens intéressants et on _____ de la

cuisine créole. Le paysage _____ très beau aussi. On _____

un volcan dormant et on _____ du bateau dans l'eau claire de la mer des

Antilles. Nous nous _____ et tu _____ beaucoup la

Guadeloupe.

D. Chez des amis. You are going to take care of your friends' house while they are on vacation in Africa and you find this note. Complete the sentences by putting the verbs in parentheses in the future.

Nous _____ (arriver) en Côte-d'Ivoire à 22h00 vendredi soir. À

Abidjan, nous _____ (être) à l'hôtel International sur l'autoroute de

l'Aéroport jusqu'au 20 août, quand nous _____ (partir) pour le

Sénégal. Les enfants et Martine _____ (rentrer) d'Afrique le 25 août,

mais moi, je _____ (faire) un voyage d'affaires. J' _____

(aller) d'abord au Togo, ensuite je _____ (passer) trois jours au Congo.

E. Des vacances virtuelles. Will computers with virtual reality give us new vacation options in the future (**à l'avenir**)? Answer the following questions in the future.

1. Est-ce qu'on fera toutes les réservations pour les voyages par ordinateur un jour?

_____

2. À l'avenir, est-ce qu'on pourra faire des voyages virtuels sans quitter la maison?

_____

3. Est-ce que la réalité virtuelle sera aussi réelle *(real)* que la réalité un jour?

_____

4. Est-ce qu'il y a des choses qu'on ne pourra jamais faire en réalité virtuelle, par exemple, goûter la cuisine? Est-ce qu'on pourra tout faire en réalité virtuelle un jour?

_____

5. Est-ce qu'on voyagera dans le temps un jour?

_____

6. Est-ce qu'il y aura un parc jurassique un jour? Si oui, est-ce que vous le visiterez?

_____

7. Est-ce qu'on visitera d'autres planètes à l'avenir? Ferez-vous un voyage à une autre planète un jour?

_____

8. Est-ce qu'on aura plus de vacances à l'avenir parce que les ordinateurs feront tout le travail ou est-ce qu'on devra travailler plus à l'avenir que maintenant?

_____

F. Quand? Say when you will do the following things. Remember to use the future in clauses with **quand** in French when referring to something that will happen in the future.

Exemple   faire un grand voyage
    Je ferai un grand voyage quand je finirai mes études.

1. acheter une nouvelle voiture

_____

2. pouvoir faire des choses intéressantes

_____

3. être vraiment content(e)

_____

4. avoir peur

_____

Journal. You are taking a friend on his or her dream vacation to Paris, Abidjan, Montréal, or any other francophone city. Write an itinerary using the future tense to give the following information:

- where you will go
- who will go with you
- how you will travel
- where you will stay
- how long you will stay
- when you will leave and return
- three things you will do while you are there

_____

_____

_____

_____

_____

_____

_____

_____

_____

_____

_____

_____

_____

_____

_____

_____

_____

_____

COMPÉTENCE 2   *Buying your ticket*

By the time you finish this ***Compétence,*** you should be able to make arrangements for a trip.

A. L'itinéraire de Suzanne.   Consult Suzanne's itinerary on page 335 of the textbook and answer the following questions with complete sentences.

1. Est-ce que Suzanne a acheté un billet aller-retour ou un aller simple?

_____

2. À quelle date est-ce qu'elle prendra l'avion pour aller à Abidjan?

_____

3. À quelle date est-ce qu'elle retournera à Paris?

_____

4. Combien de semaines est-ce qu'elle passera en Afrique?

_____

5. Est-ce qu'elle sera en première classe ou en classe touriste?

_____

6. À quelle heure partira-t-elle de Paris pour Abidjan?

_____

7. De quel aéroport à Paris partira-t-elle?

_____

8. À quelle heure arrivera-t-elle à Abidjan?

_____

9. Est-ce qu'on servira un repas pendant le vol?

_____

10. Combien de temps à l'avance est-ce qu'elle devrait arriver à l'aéroport?

_____

11. Combien de temps à l'avance est-ce qu'elle devrait reconfirmer son retour?

_____

B. Les vacances de mes rêves! Imagine that you are buying a ticket for your dream vacation in another country. Complete the itinerary, using Suzanne's itinerary on page 335 of the book as an example.

ITINÉRAIRE

À l'intention de _____

ALLER: _____

Départ de _____   __ h _____

_____   _____

Arrivée à _____   __ h _____

Un repas sera servi en vol.

RETOUR: _____

Départ de _____   __ h _____

_____   _____

Arrivée à _____   __ h _____

Un repas sera servi en vol.

Prix du billet aller-retour: _____ €.

Prévoyez d'arriver à l'aéroport deux heures avant l'heure de départ et
n'oubliez pas de reconfirmer votre retour 72 heures avant le départ.

Now explain what you will do during this trip by writing sentences in the future with the following verbs.

Exemple   aller à
J'irai à Paris.

1. aller à: _____

2. partir le *(date):* _____

3. arriver à *(heure):* _____

4. retourner le *(date):* _____

5. (ne pas) être en première classe: _____

6. (ne pas) prendre un (de) repas pendant le vol:

_____

C. Quel verbe? Complete the following passage with the correct forms of **savoir** or **connaître**.

Suzanne a quelques problèmes pendant son voyage quand elle rentre de Côte-d'Ivoire. D'abord, le jour de son départ elle ne _____ pas où elle a laissé son billet et son passeport, mais son frère _____ très bien sa sœur et les trouve pour elle. Elle _____ qu'elle doit arriver à l'aéroport bien à l'avance, alors elle appelle *(calls)* le taxi plus de deux heures avant son vol. Mais le chauffeur de taxi ne _____ pas bien le quartier de Suzanne et il se perd et arrive en retard *(late)*. Ils ne _____ pas si Suzanne va arriver avant le départ de son avion. Arrivée à l'aéroport, Suzanne ne _____ pas où aller parce qu'elle ne _____ pas l'aérogare *(terminal)*. Un employé de l'aéroport qui _____ très bien les touristes _____ ce qu'il faut faire pour l'aider et Suzanne arrive à l'avion juste avant son départ.

D. Connaissances. Someone coming to visit your university asks the following questions. Complete each question with **savoir** or **connaître,** then answer it. If you answer affirmatively, you will probably not need to use **savoir** or **connaître,** but just give the information.

1. _____-vous un bon hôtel près de votre université?

_____

2. _____-vous l'adresse de l'université?

_____

3. _____-vous dans quelle rue il y a un bon restaurant?

_____

E. Qui fait ça pour vous? Say who does the following things for you. Use the pronoun **me.**

Exemple   accompagner en vacances
           Mon ami Daniel m'accompagne en vacances.

1. rendre souvent visite: _____

2. inviter à sortir: _____

3. téléphoner: _____

4. prêter de l'argent: _____

5. emprunter souvent quelque chose: _____

F. Questions. Answer the following questions with complete sentences. Use the object pronouns **le, nous,** and **me** appropriately.

1. Quand votre professeur est en retard *(late)*, combien de temps est-ce que vous l'attendez?

_____

2. Est-ce que votre professeur vous pose beaucoup de questions en cours?

_____

3. Est-ce qu'il/elle vous donne des devoirs tous les jours?

_____

4. Est-ce que vous l'entendez toujours bien en cours?

_____

5. Est-ce que le professeur vous rend vos examens au début *(beginning)* ou à la fin du cours?

_____

6. Quand vous posez une question au professeur en anglais, est-ce qu'il/elle vous répond en anglais ou en français?

_____

Journal. Some friends are coming to visit you. Write them an e-mail in which you ask:

- when they will visit you
- what flight they will take
- how long they plan **(penser)** to stay

Also, mention at least three things you will do together while **(pendant que)** they are at your house. **(Pendant que vous serez ici, nous...)**

_____

_____

_____

_____

_____

_____

_____

_____

_____

_____

_____

_____

COMPÉTENCE 3 *Preparing for a trip*

By the time you finish this *Compétence,* you should be able to describe preparations for a trip in French and say with whom you stay in communication.

A. Préparatifs. Some friends are leaving on a trip. What will they do before and during their vacation? Recount their trip by writing sentences in the logical order.

prendre un taxi pour aller à l'aéroport / faire un itinéraire / montrer leur passeport / parler à l'agent de voyages / passer la douane / faire leurs valises / emprunter de l'argent pour le voyage / écrire un e-mail pour réserver une chambre d'hôtel / lire des guides touristiques / prendre l'avion / arriver en Côte-d'Ivoire / monter dans l'avion

Exemple: **Ils emprunteront de l'argent pour le voyage.**

1. _____
2. _____
3. _____
4. _____
5. _____
6. _____
7. _____
8. _____
9. _____
10. _____
11. _____

B. Avant, pendant ou après? Say whether you will do the following things before you leave on a trip (**avant de partir**), during the trip (**pendant le voyage**), or after your return (**après le retour**). Write complete sentences.

Exemple acheter des chèques de voyage
J'achèterai des chèques de voyage avant de partir.

1. faire des économies

_____

2. voir des choses intéressantes

_____

3. prendre des photos

_____

4. écrire des cartes postales

_____

C. Qu'est-ce qu'ils font? Some students are talking about what they do in French class. Complete these sentences with the verb **dire, lire,** or **écrire.**

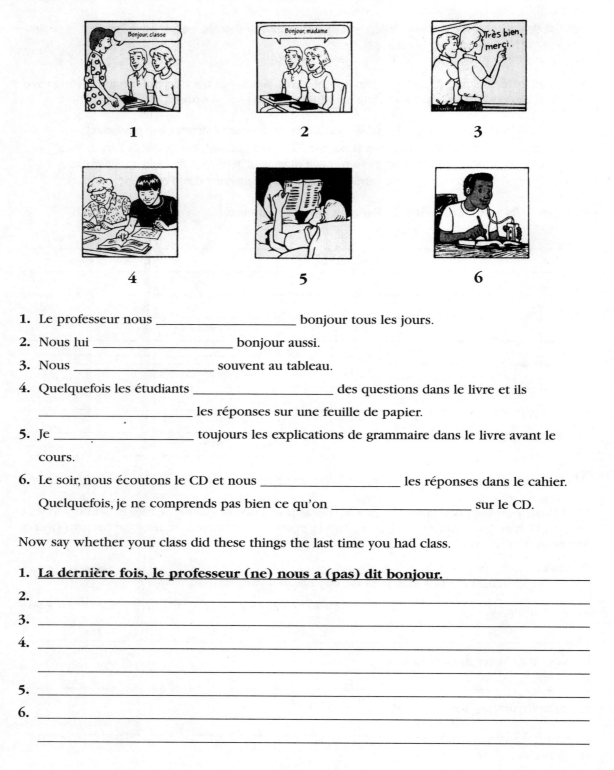

1. Le professeur nous _____ bonjour tous les jours.

2. Nous lui _____ bonjour aussi.

3. Nous _____ souvent au tableau.

4. Quelquefois les étudiants _____ des questions dans le livre et ils

_____ les réponses sur une feuille de papier.

5. Je _____ toujours les explications de grammaire dans le livre avant le

cours.

6. Le soir, nous écoutons le CD et nous _____ les réponses dans le cahier.

Quelquefois, je ne comprends pas bien ce qu'on _____ sur le CD.

Now say whether your class did these things the last time you had class.

1. **La dernière fois, le professeur (ne) nous a (pas) dit bonjour.** _____

2. _____

3. _____

4. _____

_____

5. _____

6. _____

_____

D. *Lui* ou *leur*?   Rewrite the following sentences, replacing the italicized indirect objects with the pronoun **lui** or **leur.**

Exemple   Suzanne écrit une carte postale *à ses amis.*
Suzanne leur écrit une carte postale.

1. Suzanne téléphone *à Daniel* en Côte-d'Ivoire.

_____

2. Daniel décrit la vie en Afrique *à Suzanne.*

_____

3. Daniel va présenter sa sœur *à ses amis en Côte-d'Ivoire.*

_____

4. Un guide va montrer le parc naturel *à Daniel et Suzanne.*

_____

E. Et vous?   Answer the following questions with the pronoun **lui** or **leur.**

1. Est-ce que vous écrivez souvent des e-mails *à vos parents?*

_____

2. Est-ce que vous dites toujours la vérité *(truth) à votre meilleur(e) ami(e)?*

_____

3. Est-ce que vous posez beaucoup de questions *à votre professeur?*

_____

4. Est-ce que vous avez emprunté de l'argent *à vos parents* récemment?

_____

5. Est-ce que vous allez téléphoner *à vos parents* ce week-end?

_____

6. Allez-vous donner ces devoirs *au professeur* demain?

_____

F. La même chose.   You are telling a friend about a vacation you spent in the Ivory Coast last year, and each time you say you did something, he says he did the same thing. Use a direct object pronoun **(le, la, l', les),** an indirect object pronoun **(lui, leur),** or the pronouns **y** or **en** to replace the italicized words.

Exemple   J'ai pris beaucoup *de photos.*
J'en ai pris beaucoup aussi.

1. J'ai rendu visite *à mon frère.*

_____

2. J'ai lu *le Guide Michelin* avant de partir.

_____

3. J'ai écrit une carte postale *à tous nos amis.*

_____

4. Je suis allé(e) *à Abidjan.*

_____

Journal.   Describe someone with whom you stay in touch. Using indirect object pronouns, say:

How often you:
- telephone him/her
- write him/her an e-mail
- visit him/her

What you:
- talk to him/her about
- give or lend him/her sometimes
- ask him/her to do (**demander de faire**)

Also mention whether this friend does these things for you.

_____

_____

_____

_____

_____

_____

_____

_____

_____

_____

_____

_____

_____

_____

_____

_____

Nom _____   Date _____

COMPÉTENCE 4   *Deciding where to go on a trip*

By the time you finish this ***Compétence,*** you should be able to talk in French about where you went on vacation in the past and where you plan to go in the future.

A. C'est quel pays?   Name the indicated countries. Be sure to use the definite article when naming a country.

Exemple   C'est la France.

1. _____
2. _____
3. _____
4. _____
5. _____
6. _____

B. Où?   In which country from *A. C'est quel pays?* are the following cities located? Be sure to use the appropriate preposition to say *in* what country.

Exemple   Paris: **Paris est en France.**

1. Genève: _____
2. Alger: _____
3. Casablanca: _____
4. Londres: _____
5. Bruxelles: _____
6. Berlin: _____

C. Dans quels pays? Answer the following questions with the names of countries listed on page 346 of the textbook. Do not forget to use **en, au,** or **aux** to say *in*.

Exemple Dans quels pays est-ce qu'on parle anglais?
On parle anglais au Canada, aux États-Unis, en Australie et en Grande-Bretagne.

1. Dans quels pays est-ce qu'on parle espagnol?

_____

_____

2. Dans quel grand pays d'Amérique du Sud est-ce qu'on ne parle pas espagnol?

_____

_____

3. Dans quels pays et dans quelles régions est-ce qu'on parle français?

_____

_____

4. Dans quels pays est-ce qu'on parle arabe?

_____

_____

D. Ils vont où? In what countries will the following people be?

Exemple Nous irons à Moscou. Nous **serons en Russie.**

1. J'irai à Lima. Je _____.

2. Ils iront à Berlin. Ils _____.

3. Tu iras à Abidjan? Tu _____?

4. Vous irez à Washington? Vous _____?

5. Il ira à Tokyo. Il _____.

6. Elle ira à Dakar. Elle _____.

E. Les voyages de Christian. Here is a summary of the places Christian has visited in the world. Complete the paragraph with the appropriate preposition for each city, country, or continent mentioned. The first one has been done as an example.

Christian habite <u>aux</u> États-Unis mais il a voyagé partout! L'année dernière il est allé _____

Mexique, _____ Antilles et _____ France! Il a habité _____ Canada où il est allé à

l'université de Montréal. Après, il a voyagé partout _____ Europe et il a passé quelques

semaines _____ Paris où il a vu tous les monuments historiques et les musées. Ensuite, il est

allé _____ Grande-Bretagne, _____ Allemagne et _____ Espagne. Mais finalement, il

n'avait plus d'argent et il a dû revenir _____ États-Unis.

F. Où vont-ils aller? Say where the following people are going on vacation this year. Also write a sentence in the future tense saying what they will do there.

Exemple   Mes parents **vont aller en Espagne. Ils visiteront des sites historiques.**

Espagne

1. Mon meilleur ami (Ma meilleure amie) _____

_____

_____

France

2. Mes cousins _____

_____

_____

Égypte

3. Mes amis et moi, nous _____

_____

_____

Canada

4. Ma voisine *(neighbor)* _____

_____

_____

Antilles

G. Quel verbe? Complete each question with the correct form of **savoir** or **connaître.** Then answer the questions with complete sentences.

1. Est-ce que vous _____ bien la géographie de l'Afrique?

_____

2. Est-ce que vous _____ quels pays africains sont francophones?

_____

3. Est-ce que vous _____ la date de la fête nationale en Côte-d'Ivoire?

_____

H. Préférences. Complete the following questions with the correct prepositions. Then answer each question.

1. Est-ce que vous habitez _____ États-Unis ou _____ Canada?

_____

2. Préféreriez-vous habiter _____ Californie ou _____ New York? Pourquoi?

_____

3. Préféreriez-vous faire un voyage _____ Montréal, _____ Paris ou _____ Abidjan? Pourquoi?

_____

4. Est-ce que vous aimeriez mieux passer vos vacances _____ Asie ou _____ Afrique? Pourquoi?

_____

5. Êtes-vous allé(e) _____ Europe? Si oui, où?

_____

Journal. Describe an interesting vacation you have taken, saying where you went, when, with whom, what you did there, whether you liked it (**Ça m'a plu. / Ça ne m'a pas plu.**) and why. Then name two places you would like to go to outside of the United States / Canada and explain why.

_____

_____

_____

_____

_____

_____

_____

_____

_____

_____

_____

_____

_____

À l'hôtel

COMPÉTENCE 1   *Deciding where to stay*

By the time you finish this ***Compétence,*** you should be able to describe a stay at a hotel.

A. Comment vont-ils régler la note?   Write sentences explaining how the following people are going to pay their bill.

Exemple   Patricia
Elle va régler la note en espèces.

1. Georges et Cécile Duménage

_____

_____

2. M. et Mme Lefric

_____

_____

3. vos amis et vous

_____   **???**

_____

B. Deux hôtels.   Reread the descriptions from the **Guide Michelin** for **l'Hôtel Floride Étoile** and **l'Hôtel Concorde La Fayette** on pages 368 and 369 of the textbook. Then read the ads below and on the next page for these hotels from the Parisian yellow pages and answer the questions about each hotel with a complete sentence in French, as if you work there.

L'HÔTEL FLORIDE ÉTOILE

1. Où se trouve votre hôtel?

14, rue St Didier · 75116 PARIS
01 47 27 23 36
Fax : 01 47 27 79 24

**ℋℰ
HOTEL FLORIDE ETOILE
★ ★ ★**

Entre les Champs-Elysées
et le Trocadéro
Hôtel entièrement rénové et calme
Equipé d'un confort exceptionnel
Salles de réunions et séminaires

_____

_____

_____

_____

2. Avez-vous 40 chambres pour un groupe?

_____

3. Acceptez-vous la carte de crédit American Express?

_____

L'HÔTEL CONCORDE LA FAYETTE

1. Est-ce que votre hôtel est près des sites touristiques?

   _____

   _____

   _____

2. Est-ce que vous avez des chambres non-fumeurs *(non-smoking)*?

   _____

   _____

   _____

3. Est-ce que vous pouvez faire nos réservations pour le théâtre?

   _____

   _____

4. Avez-vous des salons de réceptions?

   _____

C. *Qui* ou *que*? Complete the following sentences with the appropriate relative pronoun **qui** or **que (qu')** and the name of the hotel described from *B. Deux hôtels.*

Exemple   L'hôtel **qui** a mille chambres et suites, c'est l'hôtel **Concorde La Fayette.**

1. L'hôtel _____ on vient de rénover *(renovate),* c'est l'hôtel _____.

2. L'hôtel _____ a un bar panoramique, c'est l'hôtel _____.

3. L'hôtel _____ se trouve dans la rue St-Didier, c'est l'hôtel _____.

4. L'hôtel _____ un non-fumeur préférerait, c'est l'hôtel _____.

5. L'hôtel _____ a des boutiques, c'est l'hôtel _____.

6. L'hôtel _____ je préfère, c'est l'hôtel _____ parce que

   _____.

D. Pronoms relatifs. Describe Suzanne's trip to the Ivory Coast by combining the following sentences with the relative pronoun **qui** or **que.**

Exemple   Le pays s'appelle la Côte-d'Ivoire. / Suzanne visite ce pays.
             Le pays que Suzanne visite s'appelle la Côte-d'Ivoire.

1. La Côte-d'Ivoire est un pays intéressant. / Ce pays se trouve en Afrique de l'ouest.

   _____

2. Elle rend visite à son frère. / Son frère est médecin.

   _____

3. Il y a beaucoup de sites touristiques en Côte-d'Ivoire. / Suzanne voudrait visiter ces sites.

_____

4. Hier soir, elle a dîné dans un restaurant. / Ce restaurant sert des plats régionaux.

_____

5. Le plat était excellent. / Suzanne a commandé ce plat.

_____

E. À la réception.   You are at the front desk of a hotel. Complete your conversation with the hotel clerk. Ask logical questions that correspond to the answers given.

VOUS: _____?

L'HÔTELIER: Oui, j'ai une chambre avec un grand lit.

VOUS: _____?

L'HÔTELIER: C'est 95 euros la nuit.

VOUS: _____?

L'HÔTELIER: Oui, j'ai une autre petite chambre à 78 euros la nuit.

VOUS: _____?

L'HÔTELIER: Non, il y a un supplément de 6 euros par personne.

VOUS: _____?

L'HÔTELIER: Non, mais il y a un bon restaurant pas très cher tout près.

F. Dans un hôtel.   Describe your last stay at a hotel (or create a hotel story) by answering the following questions with complete sentences.

1. Dans quel hôtel êtes-vous descendu(e)?

_____

2. Aviez-vous des réservations quand vous êtes arrivé(e)?

_____

3. Comment était votre chambre? Est-ce qu'il y avait un grand lit ou deux lits?

_____

4. À quel étage était votre chambre? Est-ce qu'il y avait un ascenseur à l'hôtel?

_____

_____

5. Est-ce qu'il y avait une piscine? Avez-vous nagé?

_____

6. Est-ce qu'il y avait un restaurant à l'hôtel? Est-ce que vous avez pris vos repas dans votre chambre?

_____

_____

7. Que pouviez-vous voir de la fenêtre de votre chambre?

_____

8. Quel était le prix de votre chambre? Comment avez-vous réglé la note?

_____

_____

Journal. You work at the best hotel in your city. Write a description of your hotel for French-speaking tourists. Give at least six specific details.

_____

_____

_____

_____

_____

_____

_____

_____

_____

_____

_____

_____

Nom _____   Date _____

COMPÉTENCE 2   *Going to the doctor*

By the time you finish this **Compétence,** you should be able to describe how you feel when you are ill and give recommendations.

A. Le corps.   Label the following body parts in French. Use the definite article with each body part.

1. _____
2. _____
3. _____
4. _____
5. _____
6. _____
7. _____
8. _____
9. _____
10. _____
11. _____
12. _____

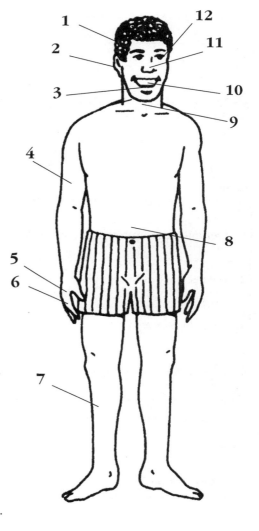

B. Où ont-ils mal?   Say what body part hurts.

Exemple   Je tousse beaucoup. J'ai mal **à la gorge.**

1. J'éternue beaucoup. J'ai des allergies.

   J'ai mal _____.

2. J'ai trop mangé et j'ai envie de vomir.

   J'ai mal _____.

3. Je viens de courir trente kilomètres.

   J'ai mal _____.

4. J'ai bu trop de bière hier soir.

   Ce matin, j'ai mal _____.

C. Vous êtes malade?   Answer the following questions about your health with complete sentences.

1. Avez-vous des allergies? Si oui, quels en sont les symptômes et quand est-ce que vous avez ces symptômes?

_____

_____

_____

2. Quand est-ce que vous avez été malade la dernière fois? Est-ce que vous aviez un rhume?

_____

_____

3. La dernière fois que vous êtes allé(e) chez le médecin, il vous a donné une ordonnance pour des médicaments?

_____

_____

4. Est-ce que vous avez souvent mal à la tête ou mal à la gorge?

_____

_____

D. Réactions. How would you answer if a good friend told you the following things? Begin each response with an expression of emotion, followed by a verb in the subjunctive.

> Je suis désolé(e) que… / Je suis content(e) que… / ??? / C'est dommage que… /
> Je suis surpris(e) que… / Je regrette que… / Je suis heureux (heureuse) que….

Exemple   Je suis malade
            Je suis désolé(e) que tu sois malade.

1. J'ai mal au ventre.

_____

2. Je suis toujours fatigué(e).

_____

3. Je ne bois plus d'alcool.

_____

4. Je ne fume plus non plus.

_____

5. Je grossis beaucoup.

_____

E. Quel temps fait-il? The weather can often change vacation plans. Give your feelings about the weather, using the French equivalent of each expression from p. 374 of the textbook.

Exemple: **Je suis surpris(e) qu'il fasse du vent.**

I'm surprised...

1. *It's too bad...*   **2.** *I'm amazed...*   **3.** *I'm sorry...*   **4.** *I'm happy...*   **5.** *I regret...*

1. _____

2. _____

3. _____

4. _____

5. _____

F. La bonne santé.   Give a friend who wants to improve his or her health advice by completing the following statements logically.

faire de l'exercice / ??? / boire beaucoup de café / maigrir un peu / manger beaucoup de légumes / être stressé(e) / dormir peu / prendre des vitamines / perdre du poids / ???

1. Il faut que tu _____.

2. Il vaut mieux que tu _____.

3. Il ne faut pas que tu _____.

4. Il est très important que tu _____.

5. Il est bon que tu _____.

6. C'est dommage que tu _____.

7. Il est nécessaire que tu _____.

8. Il est mauvais que tu _____.

G. Sentiments.   Express your feelings about what your friends do by completing the following sentences. Do not forget to use the subjunctive.

1. Il est important que mes amis _____

_____.

2. Je suis surpris(e) que mon meilleur ami (ma meilleure amie) _____

_____.

3. C'est dommage que mon meilleur ami (ma meilleure amie) _____

_____.

4. Je suis content(e) que mes parents _____

_____.

5. Je suis désolé(e) que mon professeur de français _____

_____.

Journal. Write a paragraph describing the last time you were sick. Tell when it was, what your symptoms were, and whether you went to the doctor. Also, use **il a fallu** (the **passé composé** of **il faut**) to say what was necessary for you to do to get well.

_____

_____

_____

_____

_____

_____

_____

_____

_____

_____

_____

_____

_____

_____

_____

_____

COMPÉTENCE 3   *Expressing your desires*

By the time you finish this **Compétence,** you should be able to discuss possible professions and say what you want for yourself and for others in the future.

A. Quelle est sa profession?   Name a friend, a relative, or someone famous who has each illustrated profession.

Exemple   1   2   3   4

Exemple   **Ma cousine est avocate.**

1. _____

2. _____

3. _____

4. _____

B. Pronoms relatifs.   Complete the following questions about professions with the relative pronoun **qui** or **que.** Then answer each question.

1. Trouve-t-on facilement du travail dans la profession _____ vous avez choisie?

_____

_____

2. Aimeriez-vous travailler avec une société _____ a des succursales *(branch offices)* à l'étranger?

_____

_____

3. Admirez-vous plus les gens _____ travaillent pour une organisation bénévole ou les gens _____ gagnent beaucoup d'argent?

_____

_____

4. Qui est un(e) artiste _____ vous admirez?

_____

C. L'avenir professionnel. Read the following article from the magazine for women, *Amina,* published in Sénégal. Find five things to tell a friend she should do to improve her professional situation and two things she should not do.

Il faut que tu _____

_____

_____

Il ne faut pas que tu _____

_____

_____

APPRENEZ À ÉVALUER VOS CAPACITÉS PROFESSIONNELLES

Avez-vous déjà eu l'impression que malgré° tous vos efforts, personne n'°apprécie votre travail? Peut-être que vous ne donnez à personne une raison de le faire. Il est important que vous sachiez évaluer vos capacités professionnelles vous-mêmes.

Voici quelques conseils qui vous aideront à mieux évaluer vos capacités professionnelles vous-mêmes.
- Faites régulièrement connaître vos divers projets à vos supérieurs au moyen de°notes.
- Faites-leur également parvenir des rapports de toutes les réunions°.
- De temps à autre, parlez de vos projets à d'autres personnes travaillant dans la même société que vous en espérant qu'elles en parleront à leurs supérieurs. Cela vous fera connaître et peut-être estimer.
- Faites une liste de vos divers projets et distribuez des photocopies lors des réunions afin de pouvoir mieux en parler.

Même les chefs de service ont un supérieur hiérarchique. Si vous souhaitez°avoir un poste°dans un autre service, il vaut mieux avoir de bonnes relations avec votre chef de service. Pour cela vous devez faire les choses suivantes:
- Soyez ouverte au dialogue. Mettez-le (Mettez-la) au courant°de tout. Ne gardez pas d'informations secrètes: vous donnerez l'impression de «faire bande à part».

- Admettez toujours vos erreurs. N'ayez pas peur de vous impliquer et ne vous excusez pas si vous vous êtes trompée° à propos de quelque chose.
- Soyez «fidèle». Même si vous n'appréciez pas toutes les décisions prises par votre supérieur(e), vous devez en tant que membre de son groupe de travail lui apporter votre soutien.° Vous devez savoir que lorsqu'une décision est prise, même si ce n'est pas celle que vous auriez prise, vous devez l'accepter.
- Faites votre travail rapidement, avec bonne humeur et du mieux que vous pouvez.

QUE FAIRE POUR ÊTRE PROMUE°?
Voici la marche à suivre° :
- Sachez quelles sont vos forces et vos faiblesses° et exploitez vos forces au maximum.
- Acceptez toutes les tâches° qui vous sont confiées avec le sourire,° même si certaines sont ennuyeuses.
- Écoutez tout ce que l'on vous rapporte mais ne faites pas de commentaire. Souvenez-vous que «la parole est d'argent mais le silence est d'or». Si vous ne voulez pas d'ennuis,° soyez discrète.
- Travaillez beaucoup. Peu importe si vous travaillez plus d'heures que vous ne devriez, si vous fournissez° un travail de qualité.
- Ne dites jamais de mal, même par sous-entendu,° de vos supérieurs.
- Acceptez les remarques si elles sont valables.°

malgré *in spite of* **personne ne** *no one* **au moyen de** *through* **une réunion** *a meeting* **souhaiter** *to wish* **un poste** *a position, a job* **mettre au courant** *to keep informed* **se tromper** *to make a mistake* **le soutien** *support* **promu(e)** *promoted* **la marche à suivre** *the steps to take* **une faiblesse** *a weakness* **une tâche** *a task* **avec le sourire** *with a smile* **des ennuis** *(m) troubles* **fournir** *to furnish, to give* **par sous-entendu** *by insinuation* **valable** *valid*

D. Baby-sitting. You are taking care of a friend's children while he is away on a trip. Tell them that you want them to do the following things. They respond that they do not want to.

Exemple   **1**   **2**   **3**

Exemple   — **Je veux que vous vous leviez.**
                — **Mais, nous ne voulons pas nous lever.**

1. — _____
   — _____

2. — _____
   — _____

3. — _____
   — _____

E. Qu'est-ce qu'elle a dit? You are traveling on a plane with your grandparents and they do not hear what the flight attendant tells them. Explain to them what she wants them to do.

Exemple   — Ne vous levez pas, s'il vous plaît!
                — Qu'est-ce qu'elle a dit?
                — **Elle ne veut pas que vous vous leviez!**

1. — Faites attention à la marche *(step)*!

   — Qu'est-ce qu'elle a dit?

   — _____

2. — Donnez-moi votre bagage à main *(carry-on luggage)*, s'il vous plaît!

   — Qu'est-ce qu'elle a dit?

   — _____

3. — N'ayez pas peur!

   — Qu'est-ce qu'elle a dit?

   — _____

4. — Soyez calmes!

   — Qu'est-ce qu'elle a dit?

   — _____

F. Préférences. Your best friend has made plans for a trip together without consulting you. React to what your friend says by using an infinitive or a verb in the subjunctive, as in the examples below.

Exemples   Nous allons à la Guadeloupe.
                 Bien! Je suis content(e) d'aller à la Guadeloupe. / Non, je préfère aller à Cancún.

                 L'hôtel est sur la plage.
                 Bien! Je suis content(e) que l'hôtel soit sur la plage. / Non, je préfère que l'hôtel ne soit pas sur la plage.

1. Nous voyageons en avion.

   _____

2. Nous sommes en première classe.

   _____

3. Notre chambre d'hôtel est une chambre non-fumeur *(non-smoking)*.

   _____

4. Nous prendrons tous nos repas à l'hôtel.

   _____

5. Les repas sont compris dans le prix de la chambre.

   _____

Journal. Write a paragraph about someone with whom you often have a difference of opinion about what you should do. Say what things that person wants you to do that you do not want to, then say what you prefer to do instead.

_____

_____

_____

_____

_____

_____

_____

_____

_____

_____

_____

_____

_____

COMPÉTENCE 4   *Giving directions*

By the time you finish this ***Compétence,*** you should be able to give directions in French.

A. En ville.   Complete the following sentences with a logical preposition according to the illustration. You are standing facing the **Hôtel Molière.**

à côté / à gauche / à droite / devant / derrière / en face / entre / au bout / au coin

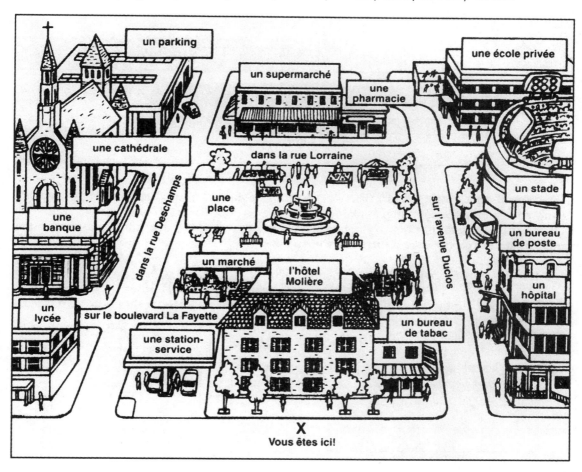

1. La station-service est _____ de l'hôtel Molière et le bureau de tabac est _____ de l'hôtel.

2. Il y a un bureau de poste _____ de l'hôpital.

3. Le stade est _____ le bureau de poste et l'école.

4. Il y a un parking _____ de la rue Lorraine et de la rue Deschamps.

5. _____ du parking, de l'autre côté de la rue Deschamps, il y a un supermarché.

6. _____ de l'avenue Duclos, il y a une école privée.

B. Pour aller à... You are facing the **Hôtel Molière** in the illustration in *A. En ville.* Give directions to the following places.

Exemple le parking:

> **Allez à gauche, tournez à droite dans la rue Deschamps et continuez tout droit jusqu'au bout de la rue. Le parking est à gauche au coin de la rue Lorraine et de la rue Deschamps.**

1. le supermarché: _____

_____

_____

2. le stade: _____

_____

_____

3. la pharmacie: _____

_____

_____

C. Comment sortir de l'hôtel? The electricity has gone out in the hotel where you are staying and you cannot see anything. Explain to someone in **chambre 1** how to get out of the hotel. Put the following phrases in the logical order with the verb in the imperative. Use linking words like **d'abord, et, là,** and **enfin** in your paragraph.

continuer tout droit jusqu'à l'escalier
sortir de la chambre
descendre jusqu'au rez-de-chaussée
tourner à gauche dans le couloir
sortir de l'hôtel
traverser le hall *(the lobby)*

_____

_____

_____

_____

_____

_____

_____

_____

_____

_____

D. Faisons-le ensemble! You tell your brother/sister with whom you are leaving on vacation to do the following things, but he/she does not feel like doing them, so you suggest doing them together. Replace the italicized words with a direct object (**le, la, l', les**) or indirect object (**lui, leur**) pronoun.

Exemple   faire *les valises*
         — **Fais les valises!**
         — **Je n'ai pas envie de les faire.**
         — **Alors, faisons-les ensemble!**

1. choisir *l'hôtel*

—_____

—_____

—_____

2. acheter *les billets*

—_____

—_____

—_____

3. téléphoner *à l'agent de voyages*

—_____

—_____

—_____

4. emprunter de l'argent *à nos parents*

—_____

—_____

—_____

E. Et toi? A friend is leaving on vacation. Tell him or her to do or not to do the following things.

Exemples   s'ennuyer
         Ne t'ennuie pas!

         vous écrire
         Écris-moi!

1. s'amuser: _____

2. vous montrer ses photos après: _____

3. vous demander de l'argent pour le voyage: _____

4. se perdre: _____

5. vous inviter la prochaine fois: _____

F. Sur le campus. Some new students want to know where certain places are located on your campus. Answer their questions as precisely as you can.

Exemple   Est-ce qu'on peut manger sur le campus?
          Oui, le restaurant universitaire se trouve à côté de la bibliothèque dans la rue Alta Vista. / Non, il n'y a pas de restaurant universitaire sur le campus, mais il y a des fast-foods tout près d'ici au bout de la rue Riverside.

1. Où se trouve la bibliothèque? _____

_____

_____

2. Où se trouve la librairie? _____

_____

_____

Journal. You are inviting some classmates to your place after class. Write precise directions telling how to get there from your classroom.

_____
_____
_____
_____
_____
_____
_____
_____
_____
_____
_____
_____
_____
_____
_____
_____
_____
_____

Cahier d'activités orales

On commence!

COMPÉTENCE 1   *Greeting people*

CD1-2 **A. Prononciation: Les consonnes muettes et la liaison.**   Pause the recording and review the ***Prononciation*** section on page 7 of the textbook. Then read the following list of words and indicate whether the final consonant of each word is pronounced or silent by underlining those that should be pronounced and crossing out those that should be silent. (Remember the mnemonic device CaReFuL!) Turn on the recording and listen and repeat as you hear each word pronounced, checking your pronunciation and your decision about the final consonant. Repeat this exercise if needed.

Exemples   YOU SEE: parc   YOU SEE: pas

            YOU MARK: **parc**   YOU MARK: **pas**

            YOU HEAR AND REPEAT: **parc**   YOU HEAR AND REPEAT: **pas**

1. Marc   **3.** très   **5.** mal   **7.** actif

2. salut   **4.** assez   **6.** bonjour   **8.** Luc

Pause the recording and read the following sentences. Indicate where liaison occurs by drawing a link between the appropriate words. Turn on the recording and listen and repeat as you hear each sentence pronounced, checking your pronunciation and your decision about the liaison.

Exemple   YOU SEE: Comment vous appelez-vous?

            YOU MARK: **Comment vous appelez-vous?**

            YOU HEAR AND REPEAT: **Comment vous appelez-vous?**

1. Comment t'appelles-tu?   **4.** Comment dit-on?

2. Comment allez-vous?   **5.** Comment ça va?

3. Je suis en cours.   **6.** À tout à l'heure!

Now repeat each line of these conversations after the speakers, during the pause provided. Pay attention to the final consonants. Pause the recording if you need additional time to respond.

Conversation 1

— Bonjour, monsieur.
— Bonjour, mademoiselle.
— Comment allez-vous?
— Je vais très bien, merci. Et vous?
— Oh, pas très bien.

Conversation 2

— Bonsoir, monsieur. Je suis Louise Roudesli. Et vous? Comment vous appelez-vous?
— Je m'appelle Antoine Amini.

Conversation 3

— Salut, je m'appelle Anne. Et toi, tu t'appelles comment?
— Moi, je m'appelle Pascal.
— Comment ça va?
— Assez bien. Et toi?
— Moi, ça va.
— Eh bien, au revoir! À bientôt!
— Oui, à demain!

CD1-3 **B. Salutations.** You will hear three short conversations in which people greet each other. Write the number of each conversation below the picture it matches.

a. _____   b. _____   c. _____

CD1-4 **C. Prononciation: Les voyelles *a, e, i, o, u.*** Correct pronunciation of the basic vowels is essential to developing speaking and listening skills. Pause the recording and review the ***Prononciation*** section on page 8 of the textbook. Then turn on the recording and listen and repeat the following words, which are similar in French and English. Pay special attention to how the vowels in italics sound in French compared to their pronunciation in the corresponding English words.

[a]	*a*gré*a*ble	*a*ttitude	*a*rt	b*a*n*a*ne
[ə]	m*e*	d*e*mande	r*e*commandation	r*e*laxe
[i]	*i*déal*i*ste	*i*rresponsable	*i*ron*i*e	ag*i*le
[ɔ]	*o*ptimiste	*o*rient	*o*bservation	p*o*lice
[y]	*u*niversité	*u*sage	*u*ltra	t*u*be

CD1-5 **D. Dictée.** You will hear a series of questions or statements. Write each one down. Pause the recording to have sufficient time to write. When you have finished, play this section again to correct your work.

1. _____

2. _____

3. _____

4. _____

5. _____

_____

Now you will hear more questions or remarks. Respond appropriately in French. Pause the recording during the pauses to have sufficient time to write.

1. _____

2. _____

3. _____

4. _____

COMPÉTENCE 2   *Counting and telling time*

CD1-6 **A. Comptez de un à trente!**   Repeat each number after the speaker. Notice that the final consonants of some numbers are pronounced, whereas others are silent. Some consonants in the middle of the word are also silent. Repeat this exercise until you feel comfortable counting from 1 to 30 by yourself.

1	un	9	neuf	17	dix-sept	25	vingt-cinq
2	deux	10	dix	18	dix-huit	26	vingt-six
3	trois	11	onze	19	dix-neuf	27	vingt-sept
4	quatre	12	douze	20	vingt	28	vingt-huit
5	cinq	13	treize	21	vingt et un	29	vingt-neuf
6	six	14	quatorze	22	vingt-deux	30	trente
7	sept	15	quinze	23	vingt-trois		
8	huit	16	seize	24	vingt-quatre		

CD1-7 **B. Quels chiffres?**   You will hear twelve numbers between 1 and 30 in random order. As you hear each one, circle it in the list of numbers in *A. Comptez de un à trente!*

CD1-8 **C. Calculs.**   You will hear some simple math problems. Pause the recording after each one in order to write the numbers and solve the problem. All the problems and answers will be repeated at the end. Listen and verify your responses.

Exemple   YOU HEAR: Deux et deux font…
              YOU WRITE: 2 + 2 = 4
              AT THE END YOU HEAR: Deux et deux font quatre.

1. _____ + _____ = _____   4. _____ + _____ = _____
2. _____ + _____ = _____   5. _____ + _____ = _____
3. _____ + _____ = _____   6. _____ + _____ = _____

CD1-9 **D. Prononciation: Les voyelles nasales.**   Pause the recording and review the *Prononciation* section on page 10 of the textbook. Then turn on the recording and repeat these nasal sounds and the model words that contain them after the speaker.

[ɛ̃]	un / um / in / im / aim	un	cinq	quinze	vingt
[ɑ̃]	en / em / an / am	trente	Henri	Jean	comment
[ɔ̃]	on / om	onze	bonjour	bonsoir	Simon

Now repeat these pairs of words after the speaker.

1. un   on   3. bon   banc   5. cent   sain
2. vent   vingt   4. main   mon   6. train   trente

Now you will hear the speaker say one word from each of the preceding pairs. Circle the one you hear.

E. Quelle heure est-il? You will be asked what time it is for each of the following clocks. After a pause for you to respond, you will hear the correct answer. Verify your response and your pronunciation. Pause the recording if you need additional time to respond.

Exemple VOUS VOYEZ *(YOU SEE):*

VOUS ENTENDEZ *(YOU HEAR):* Quelle heure est-il?
VOUS DITES *(YOU SAY):* **Il est une heure.**
VOUS ENTENDEZ *(YOU HEAR):* Il est une heure.

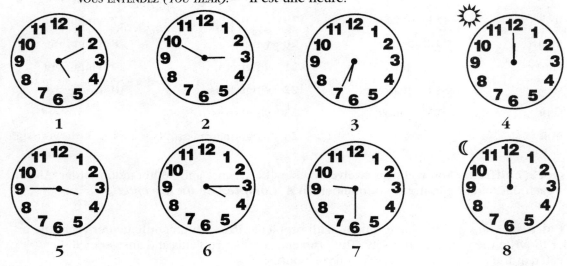

F. À la télévision. You will hear announcements for several television programs. Listen for the time, given in official time, that each will be shown and write it in the blank. Pause the recording after each announcement to allow enough time to respond. Listen to this section again as needed.

Exemple VOUS ENTENDEZ *(YOU HEAR):* Mesdames, mesdemoiselles, messieurs, bonjour! Voici les émissions de l'après-midi. D'abord, à treize heures quinze, c'est le jeu *Des chiffres et des lettres.*

VOUS ÉCRIVEZ *(YOU WRITE):* *Des chiffres et des lettres:* à **13h15.**

1. *La chasse au trésor:* à _____

2. *Journal télévisé:* à _____

3. *Météo:* à _____

4. *Le mystère Picasso:* à _____

5. *Les Simpson:* à _____

Now rewrite each of the preceding times in conversational time.

Exemple à une heure et quart

1. _____   4. _____

2. _____   5. _____

3. _____

COMPÉTENCE 3   *Talking about yourself and your schedule*

CD1-12 **A. Masculin ou féminin?** When the masculine form of an adjective ends in a consonant other than **c, r, f,** or **l,** the final consonant is usually silent. Since the feminine form of an adjective usually ends in **-e,** this consonant is no longer final and is pronounced. You will hear several pairs of adjectives. Repeat each pair after the speaker.

Masculine	Feminine		Masculine	Feminine
1. américain	américaine	4.	anglais	anglaise
2. français	française	5.	canadien	canadienne
3. intéressant	intéressante			

Now you will hear either the masculine or feminine form from each pair. Listen and circle the form you hear.

CD1-13 **B. Un autoportrait.** Repeat the following statements after the speaker to talk about yourself.

Je suis étudiant. / Je suis étudiante.
Je ne suis pas professeur.
Je suis américain. / Je suis américaine.
Je ne suis pas canadien. / Je ne suis pas canadienne.
Je suis de Los Angeles.
Je ne suis pas d'ici.

Je parle anglais.
Je parle français.
Je ne parle pas espagnol.
Je ne parle pas beaucoup en cours.

J'habite à Nice.
Je n'habite pas à La Nouvelle-Orléans.
J'habite avec un ami. / J'habite avec une amie. / J'habite avec deux amis.
J'habite avec un camarade de chambre. / J'habite avec une camarade de chambre.
Je n'habite pas avec ma famille.
J'habite seul. / J'habite seule.

Je travaille beaucoup.
Je ne travaille pas.
Je travaille pour IBM.
Je ne travaille pas à l'université.

Je pense que le français est un peu difficile.
Je pense que le français est intéressant.

Now you will hear someone give a brief description of herself. Circle the preceding sentences that describe her according to what she says.

C. Autoportraits. You will hear two people give a short description of themselves. The first time, just listen to each one. Then, as you hear them a second time, write in the missing words from each description. Play this section again as needed.

1. Je _____ Marie et je suis _____, mais

_____ à Paris avec _____. Je suis

_____ où j'étudie les

langues. _____ anglais, espagnol… et français, bien sûr!

2. Je _____ Marc et _____ français. J'habite à

Paris _____, mais ma _____ est _____ Lyon. J'habite

_____ et _____ .

Je suis _____ d'espagnol _____ .

D. Les jours de la semaine. Listen and repeat the names of the days of the week. Play this section again until you feel comfortable saying them.

lundi   mardi   mercredi   jeudi   vendredi   samedi   dimanche

E. C'est quel jour? Your friend is always one day behind. When he asks, tell him that it's the next day. After a pause for you to respond, you will hear the correct answer. Verify your response and your pronunciation.

Exemple   VOUS ENTENDEZ :   — Aujourd'hui, c'est lundi?
             VOUS DITES: **— Non, aujourd'hui, c'est mardi.**
             VOUS ENTENDEZ :   — Non, aujourd'hui, c'est mardi.

F. Mon emploi du temps. Listen as a student describes her usual schedule. After listening to what she says, pause the recording and complete these sentences as she would. Play this section again as needed.

1. Je suis à l'université le lundi, _____ et _____ .

2. Le matin, je suis en cours de huit heures et demie à _____

_____ .

3. L'après-midi, je suis en cours de _____ à _____ .

4. Le soir, je travaille de _____ à _____ .

COMPÉTENCE 4 *Communicating in class*

CD1-18 **A. Qu'est-ce qu'on fait?**   You will hear a series of classroom commands. Listen and write the number of each command under the picture that best represents it. Pause the recording between commands to allow enough time to respond. Play this section again as needed.

a. _____   b. _____   c. _____   d. _____

e. _____   f. _____   g. _____   h. _____

Now play the classroom commands in the preceding section again. As you hear each one, draw a line connecting the first part of the command in the left column with its ending in the right column. The first one has been done as an example. Pause the recording between items to allow enough time to respond.

Écoutez	votre livre à la page 23.
Ouvrez	la réponse au tableau en phrases complètes.
Faites	l'exercice A à la page 21.
Prenez	au tableau.
Écrivez	la question.
Fermez	votre livre.
Donnez-moi	votre feuille de papier.
Allez	une feuille de papier et un stylo.

CD1-19 **B. Les voyelles groupées.**   Pause the recording and review the *Prononciation* section on page 21 of the textbook. Then turn on the recording and repeat each of the words in the chart after the speaker, paying attention to the pronunciation of the vowel combinations **ai, oi, ui, eu, au/eau,** and **ou.** Repeat this exercise if needed.

Exemple   VOUS ENTENDEZ: sais
VOUS RÉPÉTEZ: **sais**

Now you will hear two of the words from each vertical column in the chart pronounced. Circle the words that you hear.

[ɛ]	sais	fais	paix
[wa]	soi	foi	pois
[ɥi]	suis	fuit	puis
[ø]	ceux	feu	peut
[o]	seau	faux	peau
[u]	sou	fou	poux

C. La combinaison _eu._ Listen and repeat the following words with **eu,** comparing the more closed sound of [ø] and the more open sound of [œ].

Exemple   VOUS ENTENDEZ: veut
             VOUS RÉPÉTEZ: **veut**

[ø]	veut	peut	ceux	eux	feu	queue
[œ]	veulent	peuvent	sœur	heure	feuille	cœur

Now you will hear one of the words from the pair in each vertical column. Circle the word that you hear.

D. L'alphabet. Say each letter of the alphabet after the speaker. Repeat this exercise until you feel comfortable reciting the alphabet by yourself.

a b c d e f g h i j k l m n o p q r s t u v w x y z

As you hear the names of these courses of study, spell each one out. You do not need to spell out the short words **le, la, l',** or **les.** After a pause for you to respond, you will hear the correct answer. Verify your response.

le français	l'anglais	la littérature	la biologie
la zoologie	la comptabilité	les mathématiques	les sciences sociales
la psychologie	la chimie	le droit	l'histoire

E. Ça s'écrit comment? You will hear some introductions in which the last name of the person introduced will be spelled out. Listen and write the names in the appropriate blank. Pause the recording between items to allow enough time to respond. Listen to this section again as needed.

1. Je m'appelle Gilbert _____.

2. Nous nous appelons Jean et Marie _____.

3. Mon ami s'appelle Georges _____.

4. Les enfants s'appellent François et Hélène _____.

F. En cours. Pause the recording and read these sentences and phrases. Turn on the recording and listen to a conversation between a professor and some students. Mark an X next to the phrase each time you hear it.

_____ Comment? Répétez, s'il vous plaît.

_____ Comment dit-on… ?

_____ Qu'est-ce que ça veut dire?

_____ Oui, je comprends.

_____ Non, je ne comprends pas.

_____ Je ne sais pas.

CHAPITRE

1

À l'université

C O M P É T E N C E 1   *Identifying people and describing appearance*

CD2-2 **A. Écoutez et répétez.**   You will hear sentences about a male, a female, and a group. Listen and repeat after the speaker, paying careful attention to your pronunciation. Play this section again until you feel comfortable saying the phrases.

C'est un jeune homme.   C'est une jeune femme.   Ce sont des étudiants.
C'est Jean-Marc.   C'est Sophie.   Ce sont des amis.
Il n'est pas américain.   Elle n'est pas américaine.   Ils ne sont pas américains.
Il est français.   Elle est française.   Ils sont français et canadiens.
Il est grand et beau.   Elle est petite et belle.   Ils ne sont pas vieux.
Il n'est pas vieux.   Elle n'est pas vieille.   Ils sont jeunes.
Il est jeune.   Elle est jeune.

CD2-3 **B. Jean-Marc.**   You will hear pairs of sentences. Repeat the sentence from each pair that correctly describes the photo of Jean-Marc in *A. Écoutez et répétez.* After a pause for you to respond, you will hear the correct answer. Verify your response and your pronunciation.

Exemple   VOUS ENTENDEZ: C'est un jeune homme. / C'est une jeune femme.
              VOUS DITES: **C'est un jeune homme.**
              VOUS ENTENDEZ: C'est un jeune homme.

CD2-4 **C. Prononciation:** *Il est* **+ adjectif /** *Elle est* **+ adjectif.**   Pause the recording and review the *Prononciation* section on page 33 of the textbook. Then turn on the recording, listen, and repeat. Be careful to pronounce the vowels in **il/ils** and **elle/elles** distinctly and to differentiate between the masculine and feminine forms of the adjectives when appropriate. The feminine form of the adjectives in the first group of sentences is pronounced differently from the masculine form. In the second group of sentences, both forms are pronounced the same.

Il est français. / Elle est française.   Ils sont français. / Elles sont françaises.
Il est américain. / Elle est américaine.   Ils sont américains. / Elles sont américaines.
Il est petit. / Elle est petite.   Ils sont petits. / Elles sont petites.
Il est grand. / Elle est grande.   Ils sont grands. / Elles sont grandes.

Il est jeune. / Elle est jeune.   Ils sont jeunes. / Elles sont jeunes.
Il est marié. / Elle est mariée.   Ils sont mariés. / Elles sont mariées.
Il est célibataire. / Elle est célibataire.   Ils sont célibataires. / Elles sont célibataires.

CD2-5 **D. On parle de qui?** You will hear a series of sentences. For each one, decide who is being described: **David, Annette, Annette et Yvette,** or **tous les trois** *(all three)*. Put a check in the appropriate column.

Exemple   VOUS ENTENDEZ: Il est français.
              VOUS ÉCRIVEZ:

	David	Annette	Annette et Yvette	tous les trois
Exemple	√			
1.				
2.				
3.				
4.				
5.				
6.				

CD2-6 **E. Première rencontre.** Listen as two people meet for the first time. Then pause the recording and complete the statements about them by circling the appropriate words in italics. Play this section again as needed.

1. Le jeune homme s'appelle *Alex / Daniel / Jean-Luc / Alain.*

2. La jeune femme s'appelle *Marie / Sophie / Alice / Catherine.*

3. Ils sont dans le même cours *de français / d'anglais / d'espagnol.*

4. Elle est de *Paris / Montréal / Nice / Marseille.*

5. Il est de *Paris / Montréal / Nice / Marseille.*

6. Elle est à Nice pour *étudier / voir la France.*

CD2-7 **F. Lecture: *Qui est-ce?*** Pause the recording and reread the story ***Qui est-ce?*** on pages 34–35 of the textbook. Then turn on the recording. You will hear three excerpts based on the encounter between Yvette and David. Listen to each one and decide which illustration depicts what is happening. Write the number of the excerpt in the blank below the appropriate picture. Pause the recording between items to allow enough time to respond.

a. _____   **b.** _____   **c.** _____

188 **Horizons,** Second Edition, **Cahier d'activités orales**

COMPÉTENCE 2   *Describing personality*

CD2-8   **A. Jean-Marc et Sophie.**   You will hear several sentences describing Jean-Marc. After each sentence, say that the same is true for Sophie, changing the form of the adjective as needed. After a pause for you to respond, you will hear the correct answer. Verify your response and your pronunciation.

Exemple	VOUS ENTENDEZ:	Jean-Marc? Il est assez sportif. Et Sophie?
	VOUS DITES:	**Elle est assez sportive aussi.**
	VOUS ENTENDEZ:	Elle est assez sportive aussi.

CD2-9   **B. Les adjectifs.**   Since the final **-e** and **-s** of adjective agreement are often not pronounced, forms that are spelled differently may be pronounced the same. You will hear one pronunciation of each of the following adjectives. Circle all the forms of the adjective that have the pronunciation you hear.

Exemple	VOUS VOYEZ:	petit petite petits petites
	VOUS ENTENDEZ:	petite(s)
	VOUS INDIQUEZ:	petit (petite) petits (petites)

1. grand   grande   grands   grandes

2. ennuyeux   ennuyeuse   ennuyeux   ennuyeuses

3. jeune   jeune   jeunes   jeunes

4. américain   américaine   américains   américaines

5. sportif   sportive   sportifs   sportives

6. marié   mariée   mariés   mariées

7. célibataire   célibataire   célibataires   célibataires

8. divorcé   divorcée   divorcés   divorcées

CD2-10   **C. Prononciation: Les pronoms sujets et le verbe *être*.**   Listen and repeat the subject pronouns and the verb **être,** paying particular attention to the pronunciation.

être	
je suis	nous sommes
tu es	vous êtes
il est	ils sont
elle est	elles sont

Now pause the recording and complete the sentences you see with the correct form of the verb **être.** Then turn on the recording and verify your answers, repeating each sentence after the speaker.

1. Moi, je _____ David Cauvin.

2. Bruno, c'_____ mon ami.

3. Il _____ de Marseille.

4. Bruno et Martine _____ très sympathiques.

5. Nous _____ dans le même cours d'espagnol.

6. Et toi, tu _____ étudiante aussi?

7. Yvette et toi, vous _____ américaines, non?

CD2-11

D. Les pronoms sujets. Bruno is speaking to Annette, but his remarks are incomplete. Write the number of the sentence you hear next to its logical completion. The first one is done as an example. Pause the recording between items to allow enough time to respond.

_____ Je suis étudiant à l'université de Nice.

__1__ Ils sont sympathiques.

_____ Il est étudiant aussi.

_____ Vous êtes sportives?

_____ ... elle est plutôt sportive.

_____ Tu es étudiante?

_____ Nous sommes assez sportifs.

CD2-12

E. Toujours des questions. Questions that can be answered *yes* or *no* may be asked by just using rising intonation, or you may also attach **est-ce que** to the beginning of the question. You will hear a series of questions about your French class asked with rising intonation. Rephrase each one using **est-ce que.** After a pause for you to respond, you will hear the correct answer. Verify your response and your pronunciation.

Exemple   VOUS ENTENDEZ: Vous êtes en cours maintenant?
              VOUS DITES: **Est-ce que vous êtes en cours maintenant?**
              VOUS ENTENDEZ: Est-ce que vous êtes en cours maintenant?

Now play this section again. This time, answer the questions. Pause the recording after each question to allow enough time to respond.

1. _____

2. _____

3. _____

4. _____

5. _____

6. _____

7. _____

COMPÉTENCE 3   *Describing the university area*

CD2-13   **A. Identification.**   Identify the following places, as in the example. After a pause for you to respond, you will hear the correct answer. Verify your response and your pronunciation.

Exemple   VOUS ENTENDEZ: C'est un théâtre ou un cinéma?
               VOUS DITES: **C'est un cinéma.**
               VOUS ENTENDEZ: C'est un cinéma.

Exemple

1

2

3

4

5

Now look at the illustrations again as you hear each of the places named. Say whether each of the places pictured is found in the university neighborhood. After a pause for you to respond, you will hear model responses. Verify your response and your pronunciation.

Exemple   VOUS ENTENDEZ: un cinéma
               VOUS DITES: **Il y a un cinéma dans le quartier universitaire. / Il n'y a**
                                 pas de cinéma dans le quartier universitaire.
               VOUS ENTENDEZ: Il y a un cinéma dans le quartier universitaire. / Il n'y a pas de
                                 cinéma dans le quartier universitaire.

CD2-14   **B. Prononciation: L'article indéfini.**   Pause the recording and review the *Prononciation* section on page 44 of the textbook. Then turn on the recording and write the form of the definite article, **un** or **une,** that you hear with each noun.

_____ cours   _____ classe   _____ bibliothèque   _____ bâtiment

_____ club de gym   _____ boîte de nuit   _____ ami   _____ amie

_____ résidence   _____ laboratoire   _____ quartier   _____ librairie

Now play this section again and repeat these words after the speaker.

C. Quelle forme? You will hear a series of questions about your university. Circle the form of the indefinite article you hear in each one.

1. un   une   des   **4.** un   une   des

2. un   une   des   **5.** un   une   des

3. un   une   des   **6.** un   une   des

Now play this section again and write appropriate answers to the questions about your university. Pause the recording between items to allow enough time to respond. Repeat this section as needed.

1. _____

2. _____

3. _____

4. _____

5. _____

6. _____

D. L'université. Listen as two students talk about one of their courses. Then pause the recording and complete each sentence logically. Play this section again as needed.

1. Les étudiants sont dans le même cours _____.

2. Ils sont en cours le mardi et _____.

3. Le cours est à _____ heure _____.

4. Le professeur est _____.

5. La salle de classe est _____.

E. Comment est le campus? Listen to a conversation between two students talking about their campus and where they live. Afterward, describe the following places and people according to what they say by writing an adjective in the blank.

1. Il y a beaucoup de _____ bâtiments.

2. Le campus est dans un quartier _____.

3. L'étudiante habite dans une _____ résidence.

4. L'étudiant habite dans une _____ maison près du campus.

5. L'étudiant habite avec son frère _____.

COMPÉTENCE 4   *Talking about your studies*

CD2-18 **A. Les cours.**   Practice pronouncing the names of courses by repeating each one after the speaker.

les langues

l'allemand

l'anglais

l'espagnol

le français

les sciences humaines

l'histoire

la psychologie

les sciences politiques

les beaux-arts

le théâtre

la musique

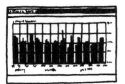

les cours de commerce

la comptabilité

le marketing

les cours techniques

l'informatique

les mathématiques

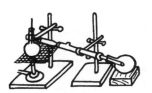

les sciences

la biologie

la chimie

la physique

CD2-19 **B. Quels cours?**   Listen as two students talk about their classes. Circle all the courses you hear mentioned in the lists of courses in *A. Les cours.*

Now play the conversation again. Then complete the following statements according to the conversation. Repeat this section as needed.

1. Le cours d'informatique de la jeune femme est à _____ heures de l'après-midi.

2. Elle pense que le cours d'informatique est un peu _____.

3. Le prof de théâtre du jeune homme est très _____.

4. La sœur du jeune homme étudie la _____.

CD2-20 **C. Prononciation: L'article défini.**   Pause the recording and review the *Prononciation* section on page 50 of the textbook. Then turn on the recording and practice pronouncing the forms of the definite article by repeating these words after the speaker.

| le campus | la bibliothèque | l'université | les cours | les activités |
| le français | la comptabilité | l'informatique | les langues | les arts |

CD2-21 **D. Préférences.** You will hear the names of activities common to university life. As you hear each one, decide how much you like it and write it under the appropriate column.

Exemple VOUS ENTENDEZ: les boums

VOUS ÉCRIVEZ:

J'aime beaucoup...	J'aime assez...	Je n'aime pas beaucoup...	Je n'aime pas du tout...
les boums			

CD2-22 **E. Chacun ses goûts.** Listen as a student expresses his opinions about his university and write the form of the definite article (**le, la, l', les**) that you hear in each sentence. Pause the recording between items to allow enough time to respond.

1. _____ 2. _____ 3. _____ 4. _____ 5. _____ 6. _____

Now play this section again and list what this student does and does not like. Pause the recording between items to allow enough time to respond. The first one has been done as an example.

♥ l'université _____

🚫 _____

CD2-23 **F. Colocataires.** The following people are looking for housemates. Listen to each description. Then pause the recording and circle the names of two students who, in your opinion, would make good housemates. Finally, explain your choice in English.

Daniel / Ahmad / Philippe / Pierre / Annette / Hyemi

_____
_____

Now play this section again. Then complete the statement that follows explaining which person you would prefer to live with and why.

Je préfère habiter avec _____ parce que (qu') _____
_____.

Après les cours

COMPÉTENCE 1   *Saying what you like to do*

CD3-2 **A. Prononciation: La consonne *r* et l'infinitif.**   Pause the recording and review the ***Prononciation*** section on page 66 of the textbook. Then turn on the recording and repeat these infinitives after the speaker. Circle the verbs where you hear the **r** pronounced.

sortir   dormir   jouer   inviter   manger   faire   lire   prendre   être

CD3-3 **B. Loisirs.**   You will hear expressions for several leisure activities. Repeat each phrase after the speaker. Write the *number* and *verb* under the corresponding picture.

Exemple   VOUS ENTENDEZ: lire un livre
          VOUS RÉPÉTEZ: **lire un livre**
          VOUS ÉCRIVEZ:

a. _____

b. _____

c. _____

d. _____

e. _____

f. _____

g. _____

h. _____

i. _____

j. _____

k. **Exemple: lire**

l. _____

m. _____

n. _____

o. _____

CD3-4 **C. Qu'est-ce qu'ils font?**   Listen as the Dufours discuss what they and their older children, Henriette, Thierry, and Yves, are doing this evening. Circle the picture in ***B. Loisirs*** on the previous page of each activity mentioned. Then play this section again and complete these sentences.

1. Thierry voudrait _____.

2. Henriette voudrait _____.

3. Yves voudrait _____.

4. Mme Dufour voudrait _____.

CD3-5 **D. On fait quelque chose?**   Pause the recording and review the dialogue on page 65 of the textbook, in which David invites Annette to do something. Note the vocabulary and expressions David uses in the invitation. Then turn on the recording and listen to a different conversation in which David invites Annette and Yvette to do something tomorrow. Afterward, pause the recording and complete these statements to say what each of them likes to do.

DAVID: J'aime _____.

YVETTE: Moi, je préfère _____.

ANNETTE: Et moi, je préfère _____.

CD3-6 **E. Stratégie: Listening for specific information.**   You will hear the conversation between David, Annette, and Yvette from ***D. On fait quelque chose?*** again. Complete the following statements by circling one of the choices given in italics.

1. Demain, c'est *vendredi / samedi / dimanche / lundi*.

2. David et Yvette vont jouer au tennis *demain matin / demain après-midi / demain soir*.

3. Ils décident d'aller voir un film *français / américain*.

4. Ils décident d'aller voir un film *avec Gérard Depardieu / de Steven Spielberg*.

CD3-7 **F. Une invitation.**   Pause the recording and review the phrases used to make plans in the dialogue on page 65 of the textbook again. Then turn on the recording and answer the questions you hear with complete sentences as a friend invites you to do something. Pause the recording after each question in order to respond.

1. _____

2. _____

3. _____

4. _____

5. _____

6. _____

COMPÉTENCE 2   *Saying how you spend your free time*

CD3-8 **A. Prononciation: Les verbes en -er.** Pause the recording and review the ***Prononciation*** section on page 73 of the textbook. Then read the following sentences and cross out the bold-faced verb endings that are not pronounced. Finally, turn on the recording and repeat the sentences after the speaker, checking your work.

1. David et Michel jou**ent** assez bien au tennis.

2. Tu aim**es** aller au cinéma le week-end?

3. Annette travaill**e** souvent sur l'ordinateur.

4. Est-ce que vous dans**ez** bien?

5. Nous regard**ons** souvent la télé.

6. J'étudi**e** beaucoup.

CD3-9 **B. Quelques adverbes.** David is asking Annette about her free time. Pause the recording and review the adverb placement rules on page 72 of the textbook. Then turn on the recording and play the role of Annette, answering each question using the indicated adverb. You will then hear the correct response. Check your answer and repeat after the speaker.

Exemple   VOUS VOYEZ: rarement
               VOUS ENTENDEZ: Tu restes souvent au lit jusqu'à midi?
               VOUS DITES: **Je reste rarement au lit jusqu'à midi.**
               VOUS ENTENDEZ: Je reste rarement au lit jusqu'à midi.
               VOUS RÉPÉTEZ: **Je reste rarement au lit jusqu'à midi.**

1. presque toujours
2. ne… jamais
3. souvent
4. rarement
5. très bien
6. assez bien
7. comme ci comme ça
8. très mal

Now you will hear the same questions again. Answer each one about yourself by writing a complete sentence with an appropriate adverb (**presque toujours, souvent, quelquefois, rarement, ne… jamais, très bien, assez bien, comme ci comme ça, assez mal, très mal**). Pause the recording in order to respond.

1. _____
2. _____
3. _____
4. _____
5. _____
6. _____
7. _____
8. _____

CD3-10 **C. Prononciation: Les verbes à changements orthographiques.** Pause the recording and review the ***Prononciation*** section on page 76 of the textbook. Then turn on the recording and repeat these verb forms after the speaker.

je préfère   nous préférons   tu répètes   vous répétez

Pause the recording, look at the following words, and decide how the underlined **c** or **g** is pronounced. Where **c** is pronounced like **s**, write an **s** in the blank. Where **g** is pronounced like **j**, write **j**. If the indicated **c** or **g** has a hard sound, leave the blank empty. Finally, turn on the recording and check your work, repeating each word after the speaker.

_____ <u>c</u>afé   _____ <u>c</u>ulture   _____ <u>g</u>are   _____ <u>g</u>uitare

_____ <u>c</u>élèbre   _____ <u>c</u>réole   _____ <u>g</u>énéral   _____ <u>g</u>osse

_____ i<u>c</u>i   _____ commen<u>ç</u>ons   _____ <u>g</u>ré   _____ voya<u>g</u>eons

_____ cocori<u>c</u>o   _____ <u>g</u>itane

CD3-11 **D. Le week-end.**   Pause the recording and review the expressions used to talk about week-end activities in the dialogue on page 71 of the textbook. Then turn on the recording and listen as David's friends, Thomas and Gisèle, say what they do. The first time, just listen to their conversation at normal speed. Then listen as it is repeated in short phrases at a slower speed, with pauses for you to fill in the missing words. Play this section again as needed.

THOMAS: Qu'est-ce que tu fais _____ le week-end?

GISÈLE: Le samedi après-midi _____ mais le samedi soir

_____. _____

souvent ensemble au restaurant et _____

beaucoup. Et toi, Thomas, _____ de temps à la

maison ou _____ sortir?

THOMAS: Moi, _____ inviter des amis à la maison.

Beaucoup de mes amis _____ de la musique.

_____ et _____. Et

toi Gisèle, _____, non? Tu es libre samedi? Tu

voudrais jouer avec nous?

GISÈLE: Oui, je veux bien, mais_____!

_____ chez toi à quelle heure?

THOMAS: _____ à jouer vers huit heures généralement.

Now answer a friend's questions about what you do on the weekend with complete sentences. Pause the recording in order to respond.

1. _____

2. _____

3. _____

4. _____

5. _____

COMPÉTENCE 3   *Asking about someone's day*

CD3-12 **A. Prononciation: Les lettres *qu*.**   Pause the recording and review the *Prononciation* section on page 80 of the textbook. Then turn on the recording and repeat these questions after the speaker. When you have finished, turn off the recording and match the questions to their logical responses by writing the number of the question in the blank next to the corresponding answer.

1. Est-ce que tu travailles?   _____ À l'université.

2. Où est-ce que tu travailles?   _____ Avec Ali.

3. Quand est-ce que tu travailles?   _____ Parce que j'aime le sport.

4. Avec qui est-ce que tu travailles?   _____ Tous les jours sauf le week-end.

5. Qu'est-ce que tu aimes faire le week-end?   _____ J'aime jouer au foot.

6. Pourquoi?   _____ Oui, je travaille beaucoup.

CD3-13 **B. C'est logique?**   You will hear a series of questions with inversion. Rephrase them using **est-ce que** and circle the most logical response to each one. Repeat this section as needed.

Exemple   VOUS VOYEZ: tous les jours   à la bibliothèque
              VOUS ENTENDEZ: Quand êtes-vous à l'université?
              VOUS DITES: **Quand est-ce que vous êtes à l'université?**
              VOUS ENTENDEZ: Quand est-ce que vous êtes à l'université?
              VOUS RÉPÉTEZ: **Quand est-ce que vous êtes à l'université?**

              VOUS MARQUEZ: (tous les jours)   à la bibliothèque

1. toute la journée   à midi et demi

2. avec une amie   au restaurant

3. un sandwich   au restaurant

4. à la maison   le soir

5. le samedi   au cinéma

6. toute la journée   avec mon petit ami (ma petite amie)

7. en boîte de nuit   parce que nous aimons danser ensemble

8. en boîte de nuit   avec ma famille

CD3-14 **C. Prononciation: L'inversion et la liaison.**   Pause the recording and review the *Prononciation* section on page 82 of the textbook. Decide whether the final consonants of the verbs in the following questions should be pronounced. Cross out those that are silent and mark those that are pronounced in liaison with a link mark [‿]. Then turn on the recording and repeat the sentences after the speaker, checking your pronunciation.

1. Voudrais-tu aller au café?   3. David voudrait-il aller prendre un verre?

2. Yvette et Annette sont-elles au café?   4. Aiment-ils aller au café?

D. Quelle est la question?   You are eavesdropping on your friend Jean-Luc, who is talking on the phone about plans for this weekend. You cannot hear the questions of the person on the other end of the line, but you figure them out from Jean-Luc's answers. Complete the questions asked by the other person by writing the logical question word.

À quelle heure / Quand / Avec qui / Que (Qu') / Où / Pourquoi

Exemple   VOUS ENTENDEZ: Je voudrais aller danser samedi soir.

   VOUS ÉCRIVEZ: **Qu'**est-ce que tu voudrais faire samedi soir?

1. _____ est-ce que tu voudrais dîner?

2. _____ est-ce que tu voudrais aller danser?

3. _____ est-ce que tu voudrais aller danser?

4. _____ est-ce que tu voudrais sortir avec elle?

5. _____ est-ce que tu préfères faire les devoirs?

E. À l'université.   Pause the recording and review the dialogue on page 78 of the textbook, in which Annette talks with Jean about her daily routine. Then turn on the recording and listen as Annette asks another friend, Bruno, about his day. You will hear their conversation twice. The first time, just listen at normal speed. Then listen as it is repeated in short phrases at a slower speed, with pauses for you to fill in the missing words. Play this section again as needed.

ANNETTE: _____ tu es à l'université?

BRUNO: _____ sauf le week-end, bien entendu.

ANNETTE: Alors, _____ tu prépares tes cours?

BRUNO: _____ ... et le week-end, bien sûr.

ANNETTE: _____ mieux préparer les cours?

BRUNO: _____ ... et quelquefois à la

   bibliothèque avec des amis.

ANNETTE: Et après les cours, _____ tu fais?

BRUNO: J'aime faire du jogging et _____.

Now answer the following questions about your typical day with complete sentences. Pause the recording in order to respond.

1. _____

2. _____

3. _____

4. _____

5. _____

COMPÉTENCE 4 *Going to the café*

CD3-17 **A. Au café.** Order each of these items by repeating the order after the speaker.

un express   un jus de fruit   un demi   un Orangina   un café au lait   un coca

un sandwich   un thé au citron   un verre de vin rouge   un sandwich
au jambon   et un verre de vin blanc   au fromage

une eau minérale   une bière   des frites

CD3-18 **B. Je voudrais…** You will hear a conversation in which a family is ordering at a café. Listen to their orders and circle the corresponding illustrations in *A. Au café.*

CD3-19 **C. Comptons!** Listen to the numbers until you are ready to say them. Then play the activity again and say the numbers along with the speaker. Repeat this exercise until you feel comfortable counting from 30 to 100 by yourself.

    30… 40… 50… 60… 70… 80… 90… 100

CD3-20 **D. Prononciation: Les chiffres.** Pause the recording and review the *Prononciation* section on page 86 of the textbook. Decide whether the final consonants of these numbers should be pronounced. Cross out those that are silent and mark those that are pronounced in liaison with a link mark [‿]. Then turn on the recording and repeat after the speaker, checking your answers.

    deux étudiants / deux livres   six étudiants / six livres   huit étudiants / huit livres

CD3-21 **E. Ça fait combien?** Answer the question *C'est combien?* with the prices given. After a pause for you to respond, you will hear the correct answer. Verify your response and your pronunciation.

1. 67 €   3. 76 €   5. 38,50 €   7. 84,50 €

2. 74 €   4. 99 €   6. 44,90 €   8. 100,20 €

CD3-22 **F. Les numéros de téléphone.** You will hear the phone numbers for several business advertisements. Complete each ad by writing the number in the space provided.

Exemple   VOUS ENTENDEZ: Le numéro de téléphone des Jardins La Fayette est le 04.42.78.71.34.
VOUS ÉCRIVEZ:

LES JARDINS LA FAYETTE
FLEURISTE
*Fleurs et plantes
artificielles et naturelles*
Entretien - Location de plantes
Mariages - Deuils
89, rue La Fayette
Tél: ___04.42.78.71.34___

AUTOAUDIO
crédit immédiat
Autoradios & Systèmes d'alarme
88, boulevard Victor Hugo
Tél: _____

DATATEC INFORMATIQUE
Analyse – conseil
95, rue Provence
Logiciels – Formation
Tél: _____

CLINIQUE VÉTÉRINAIRE FARELL
71, avenue Versailles
Tél: _____

CD3-23 **G. On va au café?** You are talking to a friend about going to cafés. Complete each question using the logical question word with **est-ce que** to elicit the same information your friend just gave you. You will then hear the correct answer. Repeat it as you check your work.

Exemple   VOUS ENTENDEZ: Moi, j'aime aller au café pour parler avec mes amis. Et toi… ?
VOUS DITES: **Et toi, pourquoi est-ce que tu aimes aller au café?**
VOUS ENTENDEZ: Et toi, pourquoi est-ce que tu aimes aller au café?
VOUS RÉPÉTEZ: **Et toi, pourquoi est-ce que tu aimes aller au café?**

Now listen to the questions again. Write an answer to each question about your favorite café with a complete sentence in French. Pause the recording in order to respond.

1. _____

2. _____

3. _____

4. _____

5. _____

CD3-24 **H. Au café.** Pause the recording and review the dialogue on pages 84–85 of the textbook, paying special attention to the expressions David and Annette use to order something at the café. Then turn on the recording and listen as they order at the café another time. Afterward, stop the recording and complete the following sentences.

1. _____ voudrait manger.

2. David commande _____ et _____

_____. Annette commande _____.

3. Ils paient _____.

CHAPITRE

Un nouvel appartement **3**

COMPÉTENCE 1   *Talking about where you live*

CD4-2 **A. Qu'est-ce que c'est?**   Identify the places and things in this house as in the example. After a pause for you to respond, you will hear the correct answer. Verify your response and your pronunciation.

Exemple   VOUS ENTENDEZ: C'est la chambre ou la salle de bains?
               VOUS DITES: **C'est la chambre.**
               VOUS ENTENDEZ: C'est la chambre.

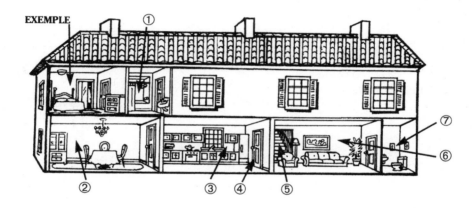

CD4-3 **B. Les chiffres.**   Listen and repeat these numbers after the speaker, paying careful attention to your pronunciation.

105	454	700	1 000	1 000 000
220	500	800	2 150	1 304 570
310	670	999	5 322	1 800 000

Now circle the numbers that you hear.

CD4-4 **C. Encore des chiffres.**   Write the number you hear, using numerals.

Exemple   VOUS ENTENDEZ: mille sept cent cinquante-huit
               VOUS ÉCRIVEZ: **1 758**

1. _____   6. _____
2. _____   7. _____
3. _____   8. _____
4. _____   9. _____
5. _____

D. Où habitent-ils? Pause the recording and review the expressions used to talk about where you live in the dialogue between Robert and Thomas on page 103 of the textbook. Then turn on the recording and listen as three students, Didier, Sophie, and Caroline, talk about their living arrangements. The first time, just listen to what they say. Then listen again and answer the following questions with complete sentences.

1. Qui habite dans un appartement?

_____

2. À quel étage se trouve l'appartement?

_____

3. Est-ce que l'immeuble est près de l'université?

_____

4. Qui habite à la campagne?

_____

5. Est-ce qu'elle habite seule?

_____

6. Comment est la maison?

_____

7. Qui habite à la résidence universitaire?

_____

8. Comment sont les chambres à la résidence?

_____

9. Le loyer, c'est combien?

_____

Now answer the following questions about where you live. Pause the recording between questions to allow enough time to respond.

1. _____

2. _____

3. _____

4. _____

5. _____

COMPÉTENCE 2   *Talking about your possessions*

CD4-6 **A. Où?**   Say who is in each location you hear when the parents come home.

Exemple   VOUS ENTENDEZ: sur le canapé
          VOUS DITES: **Le chien, la baby-sitter et son** *(her)* **petit ami sont sur le canapé.**
          VOUS ENTENDEZ: Le chien, la baby-sitter et son petit ami sont sur le canapé.
          VOUS RÉPÉTEZ: **Le chien, la baby-sitter et son petit ami sont sur le canapé.**

CD4-7 **B. Prononciation:** *avoir* et *être.*   Pause the recording and review the ***Prononciation*** section on page 110 of the textbook. Then turn on the recording and repeat these forms of **avoir** and **être,** paying attention to how they are different.

être:	tu es	il est	elle est	ils sont	elles sont
avoir:	tu as	il a	elle a	ils ont	elles ont

Now you will hear questions Brigitte's friend asks her on the phone in the scene in *A. Où?*. Write the verb form you hear in the question under the correct column and circle **oui** or **non** to answer the question according to the illustration.

Exemple   VOUS ENTENDEZ: La baby-sitter est seule?
          VOUS ÉCRIVEZ:

	avoir	**être**		
Exemple	_____	**est**	oui	(non)
1.	_____	_____	oui	non
2.	_____	_____	oui	non
3.	_____	_____	oui	non
4.	_____	_____	oui	non
5.	_____	_____	oui	non

C. Prononciation: *de, du, des.* Pause the recording and review the *Prononciation* section on page 112 of the textbook. Then turn on the recording and listen to the sentences, completing them with the prepositions and the form of the definite article you hear.

Exemple VOUS ENTENDEZ: Julie est près de la porte.

VOUS COMPLÉTEZ: Julie est **près de la** porte.

1. Annick est _____ bébé. vrai faux

2. Les parents sont _____ baby-sitter. vrai faux

3. Le chien est _____ chat. vrai faux

4. Le petit ami est _____ baby-sitter. vrai faux

5. Julie est _____ parents. vrai faux

6. Hong est _____ Marc. vrai faux

Now look at the illustration in *A. Où?* as you play the sentences again. Indicate if each sentence is true or false by circling **vrai** or **faux**.

D. Un appartement. You will hear a conversation between two prospective roommates. The first time, just listen to it at normal speed. Then fill in the missing words as it is repeated more slowly.

— Tu cherches un appartement _____? Je cherche un

_____. Tu voudrais _____

mon appartement avec moi?

— Je ne sais pas. _____ ton appartement?

— Il n'est pas très grand mais _____.

— Tu _____? J'ai beaucoup d'allergies.

— Non, je _____. Et je ne _____

pas _____. Est-ce que tu voudrais _____

chez moi cet après-midi pour voir l'appartement?

— Oui, j'ai cours jusqu'à deux heures, alors _____?

— Oui, c'est parfait!

Now imagine that a prospective housemate is asking you the following questions. Answer each one with a complete sentence. Pause the recording between items in order to respond.

1. _____

2. _____

3. _____

4. _____

5. _____

COMPÉTENCE 3   *Describing your room*

CD4-10 **A. Ça se trouve...**   As you hear items named, say in which room they are located according to the illustration. After a pause for you to respond, you will hear the correct answer. Verify your response and your pronunciation.

Exemple   VOUS ENTENDEZ: Où sont la table et les chaises?
              VOUS DITES: **La table et les chaises sont dans la salle à manger.**
              VOUS ENTENDEZ: La table et les chaises sont dans la salle à manger.

CD4-11 **B. C'est à moi!**   A friend is asking if these items are yours. Identify them as yours, as in the example. After a pause for you to respond, you will hear the correct answer. Verify your response and your pronunciation.

Exemple   VOUS ENTENDEZ: C'est ton chien?
              VOUS DITES: **Oui, c'est mon chien.**
              VOUS ENTENDEZ: Oui, c'est mon chien.

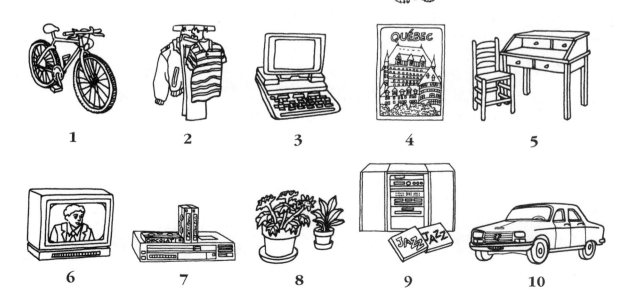

C. Chez Thomas. Thomas tends to exaggerate everything. How does he answer a friend's questions? Be sure to use the appropriate possessive adjective (**mon, ma, mes, ton, ta, tes, son, sa, ses, notre, nos, votre, vos, leur, leurs**) in the response.

Exemples VOUS ENTENDEZ: La chambre de Claude est agréable?
                VOUS ÉCRIVEZ: Oui, **sa chambre** est très agréable.

                VOUS ENTENDEZ: Votre appartement est grand?
                VOUS ÉCRIVEZ: Oui, **notre appartement** est très grand.

1. Oui, _____ est très agréable.

2. Oui, _____ est très confortable.

3. Oui, _____ sont très sympas.

4. Oui, _____ est très agréable.

5. Oui, _____ est très beau.

6. Oui, _____ sont quelquefois très embêtants.

7. Oui, _____ est très cher.

8. Oui, _____ sont très spacieuses *(spacious)*.

9. Oui, _____ est très moderne.

10. Oui, _____ sont super intéressants.

D. On sort? Didier and Robert are going out to dinner, and Didier has arranged to pick up Robert at his apartment. Listen to their conversation, pause the recording, and answer the questions in English. You may need to listen to the conversation more than once.

1. Name two things Didier particularly admires about Robert's apartment.

_____

_____

2. What is one of the things Didier likes about where he lives?

_____

3. What are two inconveniences he mentions about where he lives?

_____

_____

4. Why does Thomas decline Didier's invitation to the restaurant?

_____

5. What is the name of the restaurant?

_____

COMPÉTENCE 4   *Giving your address and phone number*

CD4-14 **A. L'inscription à l'université.** You are enrolling at a Canadian university. Provide the information requested in each question. You do not need to answer in complete sentences.

1. _____
2. _____
3. _____
4. _____
5. _____

CD4-15 **B. Prononciation: La voyelle *e* de *ce, cet, cette, ces*.** Pause the recording and review the *Prononciation* section on page 122 of the textbook. Then turn on the recording, listen, and repeat these words.

ce	de	je	ne	que	le	me
ces	des	mes	tes	les	aller	danser
cet	cette	quel	elle	cher	frère	mère

CD4-16 **C. Mes préférences.** A friend is asking about your preferences. Listen to his questions and circle the form of **quel** that would be used in each one, based on the gender and number of the noun that follows.

Exemple   VOUS ENTENDEZ: Quel est ton restaurant préféré?

VOUS MARQUEZ: (quel)   quels   quelle   quelles

1. quel   quels   quelle   quelles   3. quel   quels   quelle   quelles

2. quel   quels   quelle   quelles   4. quel   quels   quelle   quelles

Now play the questions again and answer them. Pause the recording to allow enough time to respond. Remember to make the proper agreement with **préféré(e)(s)**.

Exemple   VOUS ENTENDEZ: Quel est ton restaurant préféré *(favorite)?*
VOUS ÉCRIVEZ: **Mon restaurant préféré, c'est Pizza Nizza.**

1. _____
2. _____
3. _____
4. _____

CD4-17 **D. Quel appartement?** You are talking about an apartment where you are considering rooming with someone. Describe it by filling in the missing words you hear.

Exemple VOUS ENTENDEZ: Cet appartement est loin de l'université.
VOUS COMPLÉTEZ: **Cet appartement** est loin de l'université.

1. La vue de _____ est laide.

2. _____ est près du centre-ville.

3. _____ est agréable.

4. _____ sont très grandes.

5. La couleur de _____ est jolie.

6. _____ est nouveau.

7. _____ est sale.

8. _____ fume.

Now compare the preceding apartment to another one you are considering, which is the opposite. You will hear the first one described again. Describe the second one, as in the example. Afterward, check your answer and repeat again after the speaker.

Exemple VOUS ENTENDEZ: Cet appartement-ci est loin de l'université.
VOUS DITES: **Cet appartement-là est près de l'université.**
VOUS ENTENDEZ: Cet appartement-là est près de l'université.
VOUS RÉPÉTEZ: **Cet appartement-là est près de l'université.**

Now play the comparisons in the previous section again and describe the same things about where you live now. Write sentences as in the example. Pause the recording after each item to have enough time to respond.

Exemple VOUS ENTENDEZ: Cet appartement-ci est loin de l'université.
Cet appartement-là est près de l'université.
VOUS ÉCRIVEZ: **Mon appartement est près de l'université. / Ma maison est loin de l'université. / Ma chambre est à la résidence universitaire. / Je n'ai pas d'appartement.**

1. _____
2. _____
3. _____
4. _____
5. _____
6. _____
7. _____
8. _____

En famille

C O M P É T E N C E 1   *Describing your family*

CD4-18 **A. Qui est-ce?**   Listen as Thomas explains his relationship to various family members. Fill in the missing words in the sentences. Play this section again as needed.

Exemple   VOUS ENTENDEZ: C'est le père de mon père.
              VOUS ÉCRIVEZ: C'est **le père** de mon père.

1. C'est _____ de mon père.

2. C'est _____ de ma tante.

3. C'est _____ de mon oncle
   et de ma tante.

4. C'est _____ de mon oncle
   et de ma tante.

5. C'est _____ de mon père.

Now play this section again and write the name of each relationship described in the blank corresponding to that person in the illustration.

Exemple   VOUS ENTENDEZ: C'est le père de mon père.
              VOUS ÉCRIVEZ:

Exemple   **mon grand-père**   c. _____

a. _____   d. _____

b. _____   e. _____

CD4-19 **B. Je vous présente…**   You will hear the first part of some introductions. For each one, repeat what you hear and complete the sentence with the corresponding female family member, as in the example. After a pause for you to respond, you will hear the correct answer. Verify your response.

Exemple   VOUS ENTENDEZ: Voici mon père et…
              VOUS DITES: **Voici mon père et ma mère.**
              VOUS ENTENDEZ: Voici mon père et ma mère.

CD4-20 **C. Les parents de Gisèle.**   You will hear Gisèle describe her parents. Repeat each sentence after she says it.

_____ Mon père s'appelle Christian.   _____ Ma mère s'appelle Diane.

_____ Il a cinquante-huit ans.   _____ Elle a trente-deux ans.

_____ Il a l'air sportif.   _____ Elle a l'air intellectuelle.

_____ Il est de taille moyenne.   _____ Elle est assez grande.

Paul, 48 ans et
Diane, 42 ans

_____ Il a les cheveux courts et noirs.   _____ Elle a les cheveux longs et noirs.

_____ Il a une moustache et une barbe. _____ Elle porte des lunettes.

Now pause the recording and look at the picture of Gisèle's parents on the preceding page. Decide whether each sentence you heard is **vrai** or **faux** and write **V** or **F** in the blank next to it.

CD4-20 **D. Des photos.**   Thomas is showing photos of his family to Robert. The first time, simply listen to what Thomas says at normal speed. It will then be repeated with pauses for you to fill in the missing information. Listen to this section again to correct your work.

Voilà les photos de _____. Philippe, c'est _____

_____. Ça, c'est Sylvie, _____.

Et là, c'est une photo de Yannick, _____. Ça, c'est une photo

de _____ Danielle et de _____

Hugues. Ils ont _____: _____

Guillaume et _____ Marie. Cette dernière _(last)_ photo, c'est une

photo de _____. _____ maintenant.

CD4-22 **E. La famille de Thomas.**   You will hear Thomas talk about his family. After you listen, pause the recording and answer the questions in complete sentences in French.

1. Combien de frères et sœurs a Thomas?

_____

2. Combien d'enfants a sa sœur?

_____

3. Combien de sœurs a le père de Thomas?

_____

4. Combien de frères a son père? Sont-ils mariés?

_____

5. Qui d'autre _(Who else)_ habite avec sa famille?

_____

CD4-23 **F. Et vous?**   Answer the questions you hear about your family in French. Pause the recording in order to respond.

1. _____

2. _____

3. _____

4. _____

5. _____

Nom _____ Date _____

COMPÉTENCE 2 *Saying where you go in your free time*

CD4-24 **A. Où sont-ils?** For each picture, you will hear two places named. Identify the place that corresponds to the picture. After a pause for you to respond, you will hear the correct answer. Verify your response and your pronunciation.

Exemple
VOUS ENTENDEZ: Où sont-ils? Ils sont dans les petits magasins ou au bar?
VOUS RÉPONDEZ: **Ils sont dans les petits magasins.**
VOUS ENTENDEZ: Ils sont dans les petits magasins.

Exemple les petits magasins   1. _____   2. _____

3. _____   4. _____   5. _____   6. _____

8. _____   9. _____   10. _____   11. _____

Now play this section again and write in the name of each place under the corresponding illustration.

CD4-25 **B. Où est-ce qu'on va?** You will hear a list of activities. Look at the pictures in ***A. Où sont-ils?*** and name the places to which the pronoun **y** might refer. After a pause for you to respond, you will hear the correct answer. Verify your response and your pronunciation.

Exemple
VOUS ENTENDEZ: On y va pour nager.
VOUS DITES: **On va à la piscine pour nager.**
VOUS ENTENDEZ: On va à la piscine pour nager.

CHAPITRE 4 *Compétence 2* **213**

C. Le verbe *aller*. Repeat the sentences after the speaker, paying attention to the pronunciation of the forms of the verb **aller.**

aller	
Je **vais** en cours.	Nous **allons** à la bibliothèque.
Où est-ce que tu **vas**?	Vous **allez** à l'université.
On **va** au café?	Ils **vont** à un concert.

D. Prononciation: Les lettres *a, au* et *ai*. Pause the recording and review the ***Prononciation*** section on page 144 of the textbook. Then turn on the recording and repeat the following sentences, making sure to distinguish between the vowel sounds **a, au,** and **ai.**

_____ Aujourd'hui, mes camarades de classe et moi allons au café après les cours.

_____ Mes amis dînent rarement au restaurant.

_____ Je vais souvent au parc avec des amis.

_____ Je voudrais avoir une longue barbe blanche à l'âge de cent ans.

Now pause the recording, reread each sentence aloud, and indicate whether it is true or false for you by writing **V** or **F** in the blank.

E. Souvent, quelquefois, rarement ou jamais? Answer the questions you hear, indicating how often you go to the places mentioned. Pause the recording in order to respond.

1. _____

2. _____

3. _____

4. _____

F. Invitations. Suggest a logical place to do whatever your friend wants to do. Choose from the list. First make a suggestion using **on** to say *Shall we . . .* , then say *Let's . . .* , using the **nous** form of the verb. After a pause for you to respond, you will hear the correct answers. Verify your response.

au musée / au centre commercial / à la bibliothèque / au café / à la librairie / à la piscine / au parc

Exemple VOUS ENTENDEZ: Je voudrais aller voir une exposition.
VOUS DITES: **On va au musée?**
Allons au musée!
VOUS ENTENDEZ: On va au musée?
Allons au musée!

COMPÉTENCE 3   *Saying what you are going to do*

CD4-30 **A. Ce week-end.** Look at the pictures illustrating what various friends are or are not going to do this weekend. What does each one say? Follow the model.

Exemple VOUS ENTENDEZ: quitter l'appartement tôt
VOUS DITES: **Je ne vais pas quitter l'appartement tôt.**
VOUS ENTENDEZ: Je ne vais pas quitter l'appartement tôt.

Exemple

1

2

3

4

5

6

CD4-31 **B. Les expressions qui indiquent le futur.** You will hear several pairs of expressions of time. Repeat the one that is the most distant in the future. After a pause for you to answer, you will hear the correct response. Verify your answer and pronunciation.

Exemple VOUS ENTENDEZ: demain matin / demain soir
VOUS RÉPÉTEZ: **demain soir**
VOUS ENTENDEZ: demain soir

CD4-32 **C. Qu'est-ce que vous allez faire?** Answer the questions you hear, telling what you plan to do at the indicated times. Write the time expression in your answer. Pause the recording in order to respond.

Exemple VOUS ENTENDEZ: Qu'est-ce que vous allez faire ce soir?
VOUS ÉCRIVEZ: **Je vais préparer mes cours ce soir.**

1. _____

2. _____

3. _____

4. _____

5. _____

CD4-33 **D. Les années et les mois de l'année.** Listen to the following years and dates and repeat after the speaker, paying careful attention to your pronunciation. Repeat the activity until you feel comfortable saying the numbers and the months.

1789	1978	janvier	avril	juillet	octobre
1864	1999	février	mai	août	novembre
1945	2003	mars	juin	septembre	décembre

CD4-34 **E. Dates.** Say these dates in French. After a pause for you to respond, you will hear the correct answer. Verify your response and your pronunciation.

Exemple VOUS VOYEZ: le 15 mars 1951
          VOUS ENTENDEZ: Quelle est la date?
          VOUS DITES: **C'est le quinze mars mille neuf cent cinquante et un.**
          VOUS ENTENDEZ: C'est le quinze mars mille neuf cent cinquante et un.

1. le 17 septembre 1949   **4.** le 1ᵉʳ juillet 1867
2. le 4 juillet 1776   **5.** le 14 juillet 1789
3. le 7 décembre 1945   **6.** le 1ᵉʳ janvier 2003

CD4-35 **F. Qu'est-ce qu'on fait?** Listen as Robert and Thomas discuss their plans for this evening. Then stop the recording and select the correct answer based on what you heard. Play this section again as needed.

_____ **1.** Ce soir, ils vont…

          a. regarder la télé   b. regarder une vidéo   c. aller au cinéma

_____ **2.** Ils vont voir…

          a. un film français   b. un film italien   c. un film américain

_____ **3.** C'est un…

          a. très bon film   b. film amusant   c. film triste

_____ **4.** C'est l'histoire *(story)*…

          a. d'un couple   b. d'une petite fille   c. d'un jeune garçon

_____ **5.** Le film est…

          a. en français   b. en italien   c. en anglais

COMPÉTENCE 4 *Planning how to get there*

CD4-36 **A. Prononciation: Le verbe *prendre.*** Pause the recording and review the ***Prononciation*** section on page 156 of the textbook. Then turn on the recording, listen, and repeat. As you pronounce each sentence, circle the word on the right in which the vowel **e** is pronounced as it is in the form of the verb **prendre** used in the sentence.

prendre

Je **prends** quelquefois l'autobus mais je préfère y aller à pied.	cent	je	elle
Tu **prends** souvent le train?	cent	je	elle
On **prend** le métro?	cent	je	elle
Nous **prenons** l'autobus.	cent	je	elle
Vous **prenez** souvent l'autobus?	cent	je	elle
Les Parisiens **prennent** souvent le train.	cent	je	elle

CD4-37 **B. Comment est-ce que vous y allez?** Restate each sentence you hear with the verb **prendre,** as in the example. You will then hear the correct answer. Verify your response and repeat again.

Exemple   VOUS ENTENDEZ: Thomas va en ville en autobus.
              VOUS DITES: **Thomas prend l'autobus pour aller en ville.**
              VOUS ENTENDEZ: Thomas prend l'autobus pour aller en ville.
              VOUS RÉPÉTEZ: **Thomas prend l'autobus pour aller en ville.**

CD4-38 **C. Comment est-ce qu'on y va?** You will hear two means of transportation proposed. Suggest taking the one that is usually faster. You will then hear the correct answer. Verify your response and repeat again.

Exemple   VOUS ENTENDEZ: On prend la voiture ou on y va à pied?
              VOUS DITES: **Prenons la voiture!**
              VOUS ENTENDEZ: Prenons la voiture!
              VOUS RÉPÉTEZ: **Prenons la voiture!**

CD4-39 **D. Un départ.** Two friends of Thomas are flying down to meet him in New Orleans, and they are about to leave for the airport **(l'aéroport).** Listen to their conversation, then pause the recording and answer the following questions with complete sentences.

1. À quelle heure est-ce que leur avion va partir?

_____

2. Comment vont-ils aller à l'aéroport?

_____

3. Pourquoi est-ce qu'ils ne prennent pas la voiture pour aller à l'aéroport?

_____

4. Comment est-ce qu'ils vont aller à leur hôtel à La Nouvelle-Orléans?

_____

CD4-40 **E. Qu'est-ce qu'elle va faire?**   Answer the questions you hear about what this woman is doing today according to the illustration. Write complete sentences in French. Pause the recording in order to respond.

1. _____

2. _____

3. _____

4. _____

5. _____

6. _____

7. _____

CD4-41 **F. Et vous?**   Answer the following questions about yourself with complete sentences. Pause the recording in order to respond.

1. _____

2. _____

3. _____

4. _____

5. _____

Les projets

C O M P É T E N C E 1   *Deciding what to wear and buying clothes*

CD5-2 **A. Les vêtements.**   Repeat the names of the following articles of clothing and accessories after the speaker.

CD5-3 **B. Quels vêtements?**   You will hear several short conversations. In the illustrations in *A. Les vêtements*, circle all the items you hear mentioned.

CD5-4 **C. Je le prends.**   Alice is buying clothes for her husband today, but nothing for herself. What does she say when the salesclerk asks her what she is taking? Using the appropriate direct object pronoun, answer that you are taking each piece of clothing men can wear, but none of the clothes only for women. Then check your response and repeat again after the speaker.

Exemple   VOUS ENTENDEZ: Vous prenez la jupe?
            VOUS RÉPONDEZ: **Non, je ne la prends pas.**
            VOUS ENTENDEZ: Non, je ne la prends pas.
            VOUS RÉPÉTEZ: **Non, je ne la prends pas.**

D. Qu'est-ce qu'elle va mettre? Look at all three illustrations. Using direct object pronouns in your answers, say whether Alice is going to put on the clothes you hear named over the next three days. You will then hear the correct answer. Check your answer and repeat again after the speaker.

Exemples

VOUS ENTENDEZ:	Est-ce qu'Alice va mettre son imperméable?
VOUS RÉPONDEZ:	**Non, elle ne va pas le mettre.**
VOUS ENTENDEZ:	Non, elle ne va pas le mettre.
VOUS RÉPÉTEZ:	**Non, elle ne va pas le mettre.**
VOUS ENTENDEZ:	Est-ce qu'Alice va mettre son jean?
VOUS RÉPONDEZ:	**Oui, elle va le mettre aujourd'hui.**
VOUS ENTENDEZ:	Oui, elle va le mettre aujourd'hui.
VOUS RÉPÉTEZ:	**Oui, elle va le mettre aujourd'hui.**

aujourd'hui

demain

samedi

E. Une cliente exigeante. You will hear a scene in which a young woman is shopping. Listen to the conversation, then pause the recording and complete these statements.

1. La jeune femme cherche _____.

2. Comme taille, elle fait du _____.

3. Elle ne prend pas le premier article suggéré par la vendeuse parce qu'elle n'aime pas le style. Elle n'aime pas le deuxième non plus parce qu'elle cherche quelque chose en

   _____.

4. Elle ne prend pas le troisième non plus parce qu'il est trop _____.

5. Le quatrième bikini est bleu et il est aussi en _____.

F. Et vous? Answer the questions you hear in complete sentences in French. Use a direct object pronoun in your answer.

1. _____

2. _____

3. _____

4. _____

5. _____

Nom _____ Date _____

COMPÉTENCE 2 *Discussing the weather and what to do*

CD5-8 **A. Quel temps fait-il?** For each illustration, you will be asked what the weather is like. After a pause for you to respond, you will hear the correct answer. Verify your response and pronunciation.

Exemple VOUS ENTENDEZ: Quel temps fait-il?
VOUS DITES: **Il fait chaud.**
VOUS ENTENDEZ: Il fait chaud.

Exemple   **1**   **2**   **3**

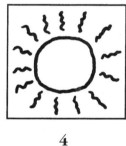      

4   **5**   **6**

CD5-9 **B. La météo.** You will hear a weather report for France. Afterward, pause the recording and note as many details as you can *in English* about the weather in the indicated places. Play this section again as needed.

1. sur l'ensemble du pays

_____

2. en Normandie

_____

3. les températures dans le nord *(north)* du pays et à Paris

_____

4. les températures dans le sud *(south)*

_____

5. en montagne

_____

C. Le verbe *faire* et les expressions avec *faire*. Repeat the following sentences, paying attention to the pronunciation of the forms of the verb **faire.** In only one of the forms, the letter combination **ai** is pronounced irregularly like the **e** of **je.** Circle that one form as you repeat.

faire	
Je ne **fais** rien ce soir.	Nous **faisons** toujours le ménage.
Qu'est-ce que tu **fais**?	Vous **faites** souvent du camping?
On **fait** quelque chose ensemble?	Ils **font** la cuisine.

D. Qu'est-ce qu'on fait? Suggest the logical activity from each pair according to the weather forecast you hear.

Exemple VOUS VOYEZ: aller jouer au tennis / rester à la maison
VOUS ENTENDEZ: Il va pleuvoir aujourd'hui.
VOUS DITES: **Restons à la maison.**
VOUS ENTENDEZ: Restons à la maison.

1. faire du ski / aller à la plage
2. faire du jogging au parc / faire du shopping au centre commercial
3. ne rien faire / faire du vélo
4. aller nager / faire du ski
5. faire du jardinage / faire la lessive
6. faire du jogging / faire de l'exercice à la maison

E. Des projets. Listen as Alice and Éric discuss plans for tomorrow. Then answer the following questions with complete sentences. Play this section again as needed.

1. Où est-ce qu'Alice et sa famille vont aller demain s'il fait beau? Qu'est-ce qu'ils vont faire?

_____

_____

2. Qui voudrait faire quelque chose avec Éric?

_____

3. Qu'est-ce qu'Éric va l'inviter à faire?

_____

F. Et vous? Answer the questions you hear in complete sentences in French.

1. _____
2. _____
3. _____
4. _____
5. _____
6. _____

COMPÉTENCE 3 *Saying what you did*

CD5-14 **A. Une journée chargée.** You will hear Alice say some of the things she did yesterday. Write the number of the sentence below the picture it matches. Not all the activities pictured are mentioned.

a. _____

b. _____

c. _____

d. _____

e. _____

f. _____

g. _____

CD5-15 **B. Et vous?** Look at the pictures in *A. Une journée chargée.* You will be asked if you did each of the activities depicted yesterday. After a pause for you to respond, you will hear the appropriate answer. Verify your response and pronunciation.

Exemple VOUS ENTENDEZ: Est-ce que vous avez dormi jusqu'à dix heures du matin hier?
VOUS DITES: **Oui, j'ai dormi jusqu'à dix heures du matin hier. /**
Non, je n'ai pas dormi jusqu'à dix heures du matin hier.
VOUS ENTENDEZ: Oui, j'ai dormi jusqu'à dix heures du matin hier. /
Non, je n'ai pas dormi jusqu'à dix heures du matin hier.

CD5-16 **C. Les expressions qui désignent le passé.** Pause the recording and draw a line to match the phrases expressing present time in the left column with a parallel expression of past time from the right column. The first one has been done as an example. Afterward, turn on the recording and correct your work. Repeat each time expression after the speaker to practice pronunciation.

aujourd'hui	la semaine dernière
ce matin	hier soir
cet après-midi	le mois dernier
ce soir	hier après-midi
ce week-end	le week-end dernier
cette semaine	l'année dernière
ce mois-ci	hier
cette année	hier matin

D. Tu as passé un bon week-end? Listen to a conversation between two students about last weekend and complete the following two sentences with things that they did. Play this section again as needed.

1. Un étudiant n'a pas fait grand-chose *(much)*. Il _____

   et il _____ .

2. L'autre étudiant a retrouvé des amis en ville. Ils _____

   et ils _____ .

   Le dimanche il _____

   et il _____ .

E. Le week-end dernier. In French, answer the questions you hear about your last weekend.

1. _____
2. _____
3. _____
4. _____
5. _____
6. _____
7. _____
8. _____

COMPÉTENCE 4   *Telling where you went*

CD5-19 **A. Alice a fait un voyage.**   Listen as Alice talks about a weekend trip she took. Then pause the recording and complete these statements based on what she says. When you have finished, turn on the recording and check your work. Repeat the sentences after the speaker to correct your pronunciation.

Elle est allée à Deauville. Elle n'y est pas allée en train, elle y est allée en _____.

Elle est partie le _____ matin et elle est arrivée vers _____ heure.

Elle est descendue dans un charmant _____.

Dimanche, elle est allée à la _____. Elle est rentrée tard le

_____ soir.

CD5-20 **B. La journée d'Alice.**   Look at the illustration of what Alice did today and listen as she talks about her activities. Then pause the recording and answer the following questions in complete sentences.

1. Vers quelle heure est-ce qu'Alice a quitté son appartement?

_____

2. Où est-ce qu'elle est montée dans l'autobus?

_____

3. Où est-ce qu'Alice est descendue de l'autobus?

_____

4. À quelle heure est-ce qu'elle est rentrée chez elle?

_____

C. Prononciation: Les verbes auxiliaires *avoir* et *être*. Pause the recording and review the *Prononciation* section on page 194 of the textbook. Then start the recording and repeat the following forms of the verbs **avoir** and **être** after the speaker, being careful to pronounce them distinctly.

1. tu as   tu es

2. ils ont   ils sont

3. elle a   elle est

4. ils ont   ils sont

Now you will hear a friend's questions in the **passé composé** with either **avoir** or **être** as the auxiliary verb. Circle the auxiliary verb that you hear in the lists above.

Now play this section again and answer the questions about yourself and your family with complete sentences. Pause the recording between items to allow enough time to respond.

1. _____

2. _____

3. _____

4. _____

D. Claire décrit son week-end. Claire has spent a weekend in Deauville. Listen as she describes her weekend to Alice. The first time, simply listen to the conversation at normal speed. It will then be repeated at a slower speed with pauses for you to write in the missing words in the sentences. You may need to pause the recording to have sufficient time to respond. When you are done, play this section again to correct your work.

ALICE: Alors, Claire, raconte-moi ton week-end à Deauville!

CLAIRE: D'abord, nous _____ le train et nous

_____ dans un charmant petit hôtel. Le premier

soir, nous _____ dans un très bon restaurant où

nous avons goûté *(tasted)* des spécialités de la région. C'était très bon! Dimanche,

nous _____ la journée à la plage.

ALICE: Est-ce que tu _____ au casino?

CLAIRE: Oui, dimanche soir, mais nous _____. Mon mari

n'aime pas jouer pour de l'argent. Après, nous _____

à un concert de jazz au centre culturel. J'_____

la musique. Nous _____ à l'hôtel à trois heures du

matin!

Les sorties

COMPÉTENCE 1   *Inviting someone to go out*

CD5-23 **A. Tu veux bien... ?** Michèle loves to go out with friends, but is not at all athletic. You will hear friends invite her to do various things. In each case, circle her probable response.

1. Avec plaisir!   Je regrette, mais je dois partir maintenant!

2. Oui, je veux bien!   Je regrette, mais je ne suis pas libre.

3. Mais oui! Avec plaisir!   Je regrette, mais je suis occupée *(busy)*.

4. D'accord!   Je voudrais bien, mais je dois travailler.

5. Quelle bonne idée!   Je regrette, mais je ne peux pas!

CD5-24 **B. Prononciation: Les verbes *vouloir, pouvoir* et *devoir*.** Repeat the phrases after the speaker, paying attention to the pronunciation of the forms of **vouloir, pouvoir,** and **devoir.**

Je veux aller au cinéma, mais je ne peux pas. Je dois travailler.

Tu veux sortir ce soir, mais tu ne peux pas. Tu dois préparer tes cours.

Éric veut aller au musée, mais il ne peut pas. Il doit rester avec son petit frère.

Nous voulons partir en week-end, mais nous ne pouvons pas. Nous devons travailler.

Vous voulez aller à la plage, mais vous ne pouvez pas. Vous devez faire le ménage.

Ils veulent aller au café, mais ils ne peuvent pas. Ils doivent aller en classe.

Notice the difference between the pronunciation of the third person singular and plural forms of these verbs. Listen and repeat.

Elle veut aller au cinéma. Elles veulent aller au cinéma.

Elle ne peut pas. Elles ne peuvent pas.

Elle doit rester à la maison. Elles doivent rester à la maison.

Now, listen to Alice talk about Vincent and Éric. In each statement, decide whether she is just talking about Vincent or whether she is talking about both Vincent and Éric. Circle your answer.

1. Vincent   Vincent et Éric   4. Vincent   Vincent et Éric

2. Vincent   Vincent et Éric   5. Vincent   Vincent et Éric

3. Vincent   Vincent et Éric   6. Vincent   Vincent et Éric

Now play this section again, and write in the missing words in each sentence. Pause the recording as needed.

1. _____ cet après-midi.

2. _____ avec moi ce soir.

3. _____ parce qu'il

_____.

4. _____ à Deauville ce week-end.

5. _____ ce week-end.

6. _____ à la maison aujourd'hui.

CD5-25 **C. Le répondeur automatique.**   It's Monday afternoon and Alice is listening to messages on her answering machine. After each message, pause the recording and write the requested information in the chart.

	Qui parle?	Quelle est l'activité proposée?	Quel jour?	À quelle heure?
MESSAGE 1				
MESSAGE 2				
MESSAGE 3				
MESSAGE 4				

CD5-26 **D. Au cinéma.**   Alice and Vincent have just arrived at the cinema. Listen to their conversation. Then pause the recording and indicate if these statements are true or false by circling **vrai** or **faux.**

1. Alice n'a jamais vu *Les Quatre Cents Coups*.   vrai   faux

2. Vincent a envie de voir un autre film.   vrai   faux

3. Les séances des deux films sont à des heures différentes.   vrai   faux

4. Alice va voir un film de Steven Spielberg avec Vincent.   vrai   faux

Now play this section again and answer these questions in French.

1. Combien de fois est-ce que Vincent a déjà vu le film qu'Alice voudrait aller voir?

_____

2. Pourquoi est-ce qu'Alice a aimé le film? Donnez une des raisons.

_____

3. Qu'est-ce qu'Alice voudrait faire après le film?

_____

COMPÉTENCE 2

Talking about how you spend and used to spend your time

CD5-27 **A. Prononciation: Les verbes *sortir, partir* et *dormir.*** Pause the recording and review the *Prononciation* section on page 216 of the textbook. Then turn on the recording and repeat these verb forms after the speaker. As you repeat the forms of **partir** and **sortir,** fill in the missing ending, using **dormir** as a model.

dormir	partir	sortir
(to sleep)	*(to leave)*	*(to go out, to leave)*
je dors	je par_____	je sor_____
tu dors	tu par_____	tu sor_____
il dort	il par_____	il sor_____
elle dort	elle par_____	elle sor_____
on dort	on par_____	on sor_____
nous dormons	nous par_____	nous sor_____
vous dormez	vous par_____	vous sor_____
ils dorment	ils par_____	ils sor_____
elles dorment	elles par_____	elles sor_____

CD5-28 **B. Des vacances.** Two of Alice's friends, Catherine and David, are coming to visit her in Paris. Answer the questions you hear about the day they go to the airport (**l'aéroport**) to leave for their trip, using **dormir, sortir,** and **partir.** You will then hear the correct response. Check your answer and repeat again.

Exemple
VOUS ENTENDEZ:	Catherine dort jusqu'à quelle heure?
VOUS RÉPONDEZ:	**Catherine dort jusqu'à six heures et demie.**
VOUS ENTENDEZ:	Catherine dort jusqu'à six heures et demie.
VOUS RÉPÉTEZ:	**Catherine dort jusqu'à six heures et demie.**

Now it's the end of the day. Answer each question about what Catherine and David did today, using the **passé composé.** You will then hear the correct response. Check your answer and repeat again.

Exemple
VOUS ENTENDEZ:	Catherine a dormi jusqu'à quelle heure?
VOUS RÉPONDEZ:	**Catherine a dormi jusqu'à six heures et demie.**
VOUS ENTENDEZ:	Catherine a dormi jusqu'à six heures et demie.
VOUS RÉPÉTEZ:	**Catherine a dormi jusqu'à six heures et demie.**

C. Prononciation: Les terminaisons de l'imparfait. Pause the recording and review the *Prononciation* section on page 218 of the textbook. Then turn on the recording. Listen and repeat to practice the pronunciation of the endings of the imperfect tense.

Quand j'étais jeune, j'habitais avec ma famille.

Quand tu étais jeune, où habitais-tu?

Nous habitions à la campagne. Nous allions souvent en ville.

Vous habitiez en ville? Vous aviez une jolie maison?

Il y avait beaucoup de jeunes dans le village. On prenait l'autocar pour aller en ville.

Mes amis aimaient sortir. Ils allaient souvent au cinéma.

D. Maintenant ou avant? Listen to questions about this semester (or trimester) and last semester (or trimester). Listen carefully for the verb tense and circle **ce semestre / trimestre** if you hear a present tense verb or **le semestre / trimestre dernier** if the verb is in the imperfect.

1. ce semestre / trimestre   le semestre / trimestre dernier

2. ce semestre / trimestre   le semestre / trimestre dernier

3. ce semestre / trimestre   le semestre / trimestre dernier

4. ce semestre / trimestre   le semestre / trimestre dernier

5. ce semestre / trimestre   le semestre / trimestre dernier

6. ce semestre / trimestre   le semestre / trimestre dernier

Now play this section again and answer each of the questions. Begin each answer with either **ce semestre / trimestre** or **le semestre / trimestre dernier.** Pause the recording between items to allow enough time to respond.

1. _____

2. _____

3. _____

4. _____

5. _____

6. _____

E. La jeunesse de Michèle. Michèle's life has changed very little from when she was young. Listen to statements about her present situation and say that they also used to be true when she was young. Use the imperfect. After a pause for you to respond, you will hear the correct answer. Verify your response and your pronunciation.

Exemple   VOUS ENTENDEZ: Ses parents travaillent beaucoup.

                     VOUS DITES: **Ses parents travaillaient beaucoup quand elle était jeune.**

                     VOUS ENTENDEZ: Ses parents travaillaient beaucoup quand elle était jeune.

COMPÉTENCE 3   *Talking about the past*

CD5-32 **A. Prononciation: Le passé composé et l'imparfait.**   Pause the recording and review the *Prononciation* section on page 225 of the textbook. Then turn on the recording. Listen and repeat to practice distinguishing the present, the imperfect and the **passé composé.**

je parle / je parlais / j'ai parlé

tu regardes / tu regardais / tu as regardé

elle travaille / elle travaillait / elle a travaillé

il est / il était / il a été

nous arrivons / nous arrivions / nous sommes arrivés

vous mangez / vous mangiez / vous avez mangé

ils dansent / ils dansaient / ils ont dansé

CD5-33 **B. Passé composé ou imparfait?**   Listen to a series of questions about your high school years and decide if you are being asked about a single event that happened **(passé composé)** or about how things used to be in general **(imparfait).** Circle your answers.

1. passé composé   imparfait

2. passé composé   imparfait

3. passé composé   imparfait

4. passé composé   imparfait

5. passé composé   imparfait

6. passé composé   imparfait

Now play this section again and answer the questions about your high school years, using complete sentences. Pause the recording to allow enough time to respond.

1. _____
2. _____
3. _____
4. _____
5. _____
6. _____

CD5-34   **C. La journée d'Alice.**   Listen as Alice describes her day. Each sentence has two verbs, one in the **imparfait** to describe background information, and the other in the **passé composé** to tell what happened. Pause the recording after each sentence and write the two verbs and their subjects in the appropriate column.

Exemple   VOUS ENTENDEZ: Il faisait beau quand je suis sortie
                                   de l'appartement.

            VOUS ÉCRIVEZ:

SITUATION / SCENE   **WHAT HAPPENED**

Exemple   il faisait (beau)   **je suis sortie**

1. _____   _____

2. _____   _____

3. _____   _____

4. _____   _____

5. _____   _____

6. _____

CD5-35   **D. Une sortie.**   Listen as Alice talks about the last time she and Vincent went to a restaurant. The first time, simply listen to the conversation at normal speed. It will then be repeated at a slower speed with pauses for you to write in the missing words. Pause the recording as needed to have sufficient time to respond. Play this section again to correct your work.

On _____ ensemble au restaurant samedi soir. On

_____ la maison vers sept heures. Comme *(Since)*

il _____ beau, on _____ au restaurant

à pied. Il _____ environ sept heures et demie quand

on _____. Je _____ très faim et on

_____ tout de suite. On _____ un verre de

vin avant. Le repas _____ délicieux et j'_____.

Après, nous _____ trop fatigués, alors nous

_____ une promenade. Il _____ environ dix

heures quand nous _____ et nous _____

directement au lit. Le lendemain, c'_____ dimanche et

j'_____ jusqu'à onze heures.

COMPÉTENCE 4   *Narrating in the past*

CD5-36   **A. Leur arrivée à Paris.** Alice's friends
David and Catherine are coming to visit
her in Paris. Stop the recording and
recount David and Catherine's first
evening in Paris by writing the verbs in
parentheses in the blanks in the **passé
composé** or the imperfect. Then turn on
the recording and check your work as you
listen.

Quand David et Catherine _____ (arriver) à Paris

ils _____ (être) très fatigués et le premier soir ils

_____ (vouloir) se reposer *(to rest)* un peu avant de téléphoner

à Alice. Ils _____ (prendre) un taxi pour aller à leur hôtel,

qui _____ (ne pas être) loin de la tour Eiffel. À l'hôtel

il y _____ (avoir) un petit problème parce que leur réservation

_____ (être) pour la semaine suivante. Comme *(Since)* il

n'y _____ (avoir) pas d'autres chambres disponibles *(available)*

ils _____ (devoir) chercher un autre hôtel. Le réceptionniste de

l'hôtel _____ (téléphoner) à d'autres hôtels pour trouver une

autre chambre quand tout d'un coup *(all of a sudden)* il y _____

(avoir) une annulation *(cancellation)* à l'hôtel. David et Catherine _____

_____ (ne pas devoir) aller à un autre hôtel et ils _____

(pouvoir) rester là où ils _____ (être). Ils _____

(monter) tout de suite dans leur chambre. C'_____ (être) une très

belle chambre avec une vue magnifique de la tour Eiffel. Comme ils _____

(être) fatigués, ils _____ (dormir) quelques heures avant de sortir.

CD5-37   **B. Qu'est-ce qui s'est passé?** You will hear questions about David and Catherine's arrival at
the hotel in **A. Leur arrivée à Paris.** Answer each question with a complete sentence. Pause
the recording in order to have enough time to respond.

1. _____

2. _____

3. _____

4. _____

C. Pourquoi? Choose the logical circumstances explaining why David and Catherine did each thing you hear mentioned. Answer each question as in the example. You will then hear the correct answer. Check your work and repeat again.

Exemple VOUS VOYEZ: chercher du travail / vouloir voir Alice

VOUS ENTENDEZ: Pourquoi est-ce que David et Catherine ont fait un voyage à Paris?

VOUS DITES: **Ils ont fait un voyage à Paris parce qu'ils voulaient voir Alice.**

VOUS ENTENDEZ: Ils ont fait un voyage à Paris parce qu'ils voulaient voir Alice.

VOUS RÉPÉTEZ: **Ils ont fait un voyage à Paris parce qu'ils voulaient voir Alice.**

1. vouloir dormir un peu / ne pas vouloir voir Alice

2. trouver Paris ennuyeux / être fatigués

3. avoir une réservation pour la semaine suivante / avoir une jolie chambre

4. avoir une vue magnifique de la tour Eiffel / ne pas avoir de fenêtres

5. aimer beaucoup leur chambre d'hôtel / vouloir voir Paris

6. ne pas avoir faim / aimer la cuisine française

7. parler français / ne pas parler français

8. devoir partir / avoir envie de partir

D. Une soirée ensemble. During Catherine and David's stay in Paris, Catherine and Alice went out for an evening together. When Alice came back, she had the following conversation with Vincent. The first time, just listen to the conversation at regular speed. You will then hear it again with pauses for you to fill in the missing words.

VINCENT: Alors qu'est-ce que tu _____ avec Catherine et David?

ALICE: David _____, alors il

_____ à l'hôtel. Catherine et moi _____ au

restaurant et après on _____.

VINCENT: Catherine _____ à Montmartre?

ALICE: Non, on va y aller demain. _____ et elle _____

_____, alors on a décidé de passer une soirée tranquille dans le quartier.

E. Et vous? Answer the following questions about the last time you went out with someone.

1. _____

2. _____

3. _____

4. _____

CHAPITRE

7

La vie quotidienne

COMPÉTENCE 1 *Describing your daily routine*

CD6-2 **A. D'abord...** You will hear two statements. Repeat the action that would logically come first. After a pause for you to respond, you will hear the correct answer. Verify your response and your pronunciation.

Exemple VOUS ENTENDEZ: Je fais ma toilette. / Je quitte la maison.
VOUS DITES: **Je fais ma toilette.**
VOUS ENTENDEZ: Je fais ma toilette.

CD6-3 **B. Chez Henri et Patricia.** You will hear several statements about the daily lives of Patricia and Henri. Write the number of each statement below the drawing depicting it. Pause the recording between items to allow enough time to respond.

a. _____

b. _____

c. _____

d. _____

e. _____

f. _____

CD6-4 **C. Et ensuite?** Say which of the two indicated things you would normally do next. You will then hear the correct response. Check your answer and repeat again.

Exemple VOUS VOYEZ: se coucher / se lever
VOUS ENTENDEZ: On se réveille.
VOUS DITES: **On se réveille et ensuite, on se lève.**
VOUS ENTENDEZ: On se réveille et ensuite, on se lève.
VOUS RÉPÉTEZ: **On se réveille et ensuite, on se lève.**

1. s'endormir / faire sa toilette
2. s'habiller / se déshabiller
3. se brosser les dents / se laver les cheveux

4. s'ennuyer / s'amuser
5. se lever / se coucher
6. s'habiller / s'endormir

D. Que fais-tu? Two housemates are exact opposites. Listen as one describes himself. Describe the other, who works nights, using the antonym of the verb. You will then hear the correct answer. Check your response and repeat again.

se lever / se coucher / s'amuser / se reposer / s'ennuyer / s'habiller / s'endormir

Exemple   VOUS ENTENDEZ: Je me réveille à six heures.
               VOUS DITES: **Son colocataire s'endort à six heures.**
               VOUS ENTENDEZ: Son colocataire s'endort à six heures.
               VOUS RÉPÉTEZ: **Son colocataire s'endort à six heures.**

E. Les enfants de Patricia et Henri.   Rose is going to babysit the children of her cousin, Patricia, for the weekend. Listen to their conversation, then answer the following questions.

1. Vers quelle heure est-ce que les enfants se lèvent le samedi?

_____

2. Ils s'habillent avant le petit déjeuner ou après?

_____

3. Qu'est-ce que les enfants font pour s'amuser quand il pleut?

_____

4. À quelle heure se couchent-ils le samedi soir?

_____

5. Qu'est-ce qu'ils font avant de se coucher?

_____

F. Et vous?   Answer the questions you hear in complete sentences in French. Pause the recording between items to allow enough time to respond.

1. _____

2. _____

3. _____

4. _____

5. _____

6. _____

7. _____

COMPÉTENCE 2   *Talking about relationships*

CD6-8 **A. Des actions réciproques.** You will hear a series of statements about Rosalie and André's interactions. Transform each statement, using the appropriate reciprocal form of the verb as in the example. After a pause for you to respond, you will hear the correct answer. Verify your response and your pronunciation.

Exemple   VOUS ENTENDEZ: André téléphone à Rosalie et Rosalie téléphone à André.
               VOUS DITES: **Ils se téléphonent.**
               VOUS ENTENDEZ: Ils se téléphonent.

CD6-9 **B. La grande nouvelle!** Listen as Rosalie makes an important announcement to Rose. Then pause the recording and write sentences explaining how often Rosalie and André do these things, according to what is said in the conversation.

tous les jours / toujours / souvent / quelquefois / rarement / ne... jamais

1. se quitter: _____

2. se disputer: _____

3. s'entendre bien: _____

CD6-10 **C. Qui?** Patricia is talking about what she and Henri and André and Rosalie are going to do tomorrow. Look at the pictures and say who is going to do each thing. You will then hear the correct answer. Check your work and repeat again.

Henri et moi, on… / Henri… / Moi, je… / André et Rosalie…

Exemple   VOUS ENTENDEZ: Qui va se lever à six heures?
               VOUS DITES: **Henri et moi, on va se lever à six heures.**
               VOUS ENTENDEZ: Henri et moi, on va se lever à six heures.
               VOUS RÉPÉTEZ: **Henri et moi, on va se lever à six heures.**

Exemple

1

2

3

4

5

6

7

CD6-11 **D. Prononciation: Les verbes en -re.** Three of the conjugated forms of **-re** verbs sound alike. Repeat these sentences after the speaker and put an **X** next to the three forms that sound alike.

_____ Je réponds bien aux questions du prof.   _____ Nous répondons toujours correctement.

_____ Tu réponds mieux que moi.   _____ Vous répondez toujours en français.

_____ Marc répond rarement aux questions.   _____ Les étudiants répondent toujours bien.

CD6-12 **E. En cours.** Some students are talking about their French class. You will hear several sentences containing **-re** verbs. Write each sentence or question you hear in the blank with the same letter as the matching illustration. Pause the recording between items to have enough time to respond.

a   **b**   **c**   **d**   **e**

a. _____

b. _____

c. _____

d. _____

e. _____

CD6-13 **F. Et vous?** Answer each question you hear about your relationship with your best friend with a complete sentence. Pause the recording between items to allow enough time to respond.

1. _____

2. _____

3. _____

4. _____

5. _____

6. _____

7. _____

COMPÉTENCE 3   *Talking about what you did and used to do*

CD6-14 **A. Une rencontre.** Listen as Rosalie describes how she accidentally ran into André at the café yesterday and how they ended up spending the day together. Write the number of each sentence you hear below the illustration depicting it.

a. _____   **b.** _____   **c.** _____   **d.** _____   **e.** _____

Now play this section again, then pause the recording and answer the following questions.

1. Est-ce qu'André et Rosalie se sont vus tout de suite au café?

_____

2. Qu'est-ce qu'ils ont fait quand ils se sont vus?

_____

3. Après le déjeuner, qu'est-ce qu'ils ont fait?

_____

4. Vers quelle heure est-ce qu'André et Rosalie se sont quittés?

_____

CD6-15 **B. Au passé composé.** The best way to learn the word order of reflexive and reciprocal verbs in the **passé composé** is to practice saying them until they sound right. As you practice saying each pair of sentences, mark out the sentence that is not true for you.

Je me suis levé(e) tôt ce matin. / Je ne me suis pas levé(e) tôt ce matin.

Je me suis couché(e) tard hier. / Je ne me suis pas couché(e) tard hier.

Mes parents se sont mariés très jeunes. / Mes parents ne se sont pas mariés très jeunes.

Mes parents et moi, nous nous sommes disputés récemment. / Nous ne nous sommes pas disputés récemment.

Nous nous sommes amusés en cours de français la semaine dernière. / Nous ne nous sommes pas amusés en cours de français la semaine dernière.

Je me suis endormi(e) en cours. / Je ne me suis pas endormi(e) en cours.

Tous les étudiants se sont bien entendus au dernier cours. / Des étudiants ne se sont pas bien entendus au dernier cours.

CD6-16 **C. La baby-sitter.** Patricia and Henri return after being away for the weekend and they ask Rose, who babysat their children, how things went. Listen to their conversation, then answer the following questions.

1. Quel problème est-ce que Rose a eu avec Philippe et Didier?

_____

2. Qu'est-ce que Didier a décidé de faire?

_____

3. Qu'est-ce qu'ils ont fait pour s'amuser?

_____

4. Quand est-ce qu'ils se sont couchés?

_____

5. Où est-ce que Philippe s'est endormi?

_____

6. À quelle heure est-ce que les deux garçons se sont levés ce matin?

_____

CD6-17 **D. Et vous?** Answer each question you hear about your day yesterday with a complete sentence in French. Pause the recording between items to allow enough time to respond.

1. _____

2. _____

3. _____

4. _____

5. _____

COMPÉTENCE 4   *Saying what you just did*

CD6-18 **A. Prononciation: Le verbe *venir*.** Several people are talking about what they and others just did and from where they are returning. Pause the recording and complete their statements with the appropriate form of the verb **revenir de** followed by the logical place. Then turn on the recording and verify your answers by repeating the sentences after the speaker. Pay attention to the pronunciation of the verbs **venir** and **revenir**.

le guichet automatique

la banque

la pharmacie

chez le fleuriste

le magasin de musique

le bureau de poste

le supermarché

Exemple   VOUS COMPLÉTEZ: Je viens de retirer de l'argent. Je **reviens du guichet automatique.**

VOUS VÉRIFIEZ: Je viens de retirer de l'argent. Je reviens du guichet automatique.

VOUS RÉPÉTEZ: **Je viens de retirer de l'argent. Je reviens du guichet automatique.**

1. Je viens de déposer de l'argent. Je _____ .

2. Tu viens d'acheter des médicaments? Tu _____ ?

3. Luc vient de faire les courses. Il _____ .

4. Nous venons d'acheter un CD. Nous _____ .

5. Vous venez d'envoyer un colis? Vous _____ ?

6. Leurs fils viennent d'acheter des fleurs. Ils _____ .

CD6-19 **B. On vient de le faire.** At the end of the evening, Henri is asking Patricia if she and others have already done certain things. How does she say that they just did them, using **venir** followed by an infinitive? You will hear the correct answer. Check your response and repeat.

Exemple   VOUS ENTENDEZ: Tu t'es déjà lavé les cheveux?

VOUS DITES: **Oui, je viens de me laver les cheveux.**

VOUS ENTENDEZ: Oui, je viens de me laver les cheveux.

VOUS RÉPÉTEZ: **Oui, je viens de me laver les cheveux.**

CD6-20 **C. Le lendemain matin.** The next morning, Henri is asking Patricia if she and others just did certain things. She says that they already did them a while ago. Answer in the **passé composé**, using the indicated adverbial phrase. You will hear the correct answer. Check your response and repeat again.

Exemple VOUS VOYEZ: il y a une heure
           VOUS ENTENDEZ: Philippe vient de se lever?
           VOUS DITES: **Non, Philippe s'est levé il y a une heure.**
           VOUS ENTENDEZ: Non, Philippe s'est levé il y a une heure.
           VOUS RÉPÉTEZ: **Non, Philippe s'est levé il y a une heure.**

1. il y a une heure et demie   **5.** hier après-midi

2. il y a une demi-heure   **6.** hier soir

3. hier soir   **7.** il y a quelques jours

4. il y a une heure   **8.** il y a longtemps

CD6-21 **D. Des courses.** Rose just ran errands in town. Listen to her conversation with her grandmother, then answer the following questions. Play this section again as needed.

1. Qui vient de rentrer, Rose ou Rosalie?

_____

2. Qu'est-ce qu'elle vient de faire au bureau de poste?

_____

3. Qu'est-ce qu'elle vient d'acheter à la librairie?

_____

4. Qui vient de téléphoner à Rose?

_____

5. Qu'est-ce qu'elle vient d'inviter Rose à faire?

_____

6. Qu'est-ce qu'Henri et Patricia viennent de faire?

_____

CD6-22 **E. Et vous?** Answer each question you hear with a complete sentence in French. Pause the recording between items to allow enough time to respond.

1. _____
2. _____
3. _____
4. _____

CHAPITRE

8

La bonne cuisine

COMPÉTENCE 1   *Ordering at a restaurant*

CD6-23   **A. Bon appétit!**   Pause the recording and look at the lists of foods by category. For each category, draw a line through any item that is not appropriate. Then turn on the recording and verify your answers by repeating the items that are not crossed out after the speaker.

Une entrée ou un hors-d'œuvre:

des escargots / de la soupe / un bifteck / de la salade de tomates / du pâté / des œufs durs / des crudités / de la glace

Un plat principal:

de la viande: des crevettes / du rosbif / du bifteck / des haricots verts / une côte de porc

de la volaille: du canard / du gâteau / du poulet / des crudités

du poisson: du fromage / du saumon / du pain / du thon

des fruits de mer: des moules / des crevettes / des huîtres / du homard / du poivre

Un légume:

des haricots verts / des pommes / des pommes de terre / des petits pois

Pour finir le repas:

un dessert / du sel et du poivre / du café / du fromage / de la tarte / de la glace / du gâteau

CD6-24   **B. Prononciation: Le *h* aspiré.**   Pause the recording and review the ***Prononciation*** section on page 285 of the textbook. Then turn on the recording. Listen and repeat the examples of non-aspirate and aspirate *h*.

h **non-aspiré:**   les huîtres / des huîtres / beaucoup d'huîtres

h **aspiré:**   les hors-d'œuvre / des hors-d'œuvre / beaucoup de hors-d'œuvre

h **non-aspiré:**   l'huile *(oil)* / de l'huile / pas d'huile

h **aspiré:**   le homard / du homard / pas de homard

C. Au restaurant. Pause the recording and look over this menu. Then turn on the recording and listen to a scene at a restaurant. List what the woman and the man order from the menu.

La femme:

Entrée: _____

Plat principal: _____

Dessert: _____

L'homme:

Entrée: _____

Plat principal: _____

Dessert: _____

D. Qu'est-ce qu'il y a au menu? You are working at a restaurant. Answer each question, telling what there is on the menu. Use the correct forms of the partitive article. You will then hear the correct response. Check your answer.

Exemple VOUS ENTENDEZ: Qu'est-ce qu'il y a comme entrée?

VOUS DITES: **Il y a de la soupe à l'oignon, de la salade de tomates et des crudités.**

VOUS ENTENDEZ: Il y a de la soupe à l'oignon, de la salade de tomates et des crudités.

Le Bistrot - 14 €

Service 15% Compris

Adrian vous propose son petit Menu Bistrot composé uniquement de produits frais de saison.

Première Assiette

9 Huîtres "Fines de Claires no3" Sur Lit de glace

Assiette de Coquillages Farcis à l'ail

Cocotte de moules marinières

Salade aux Lardons, Oeuf poché

Terrine de canard maison, au poivre vert

Plateau de Fruits de mer "l'écailler" + 8€

Deuxième Assiette

Brochette de poissons, beurre blanc

Moules de pays, frites

Sardines grillées aux herbes

Langue de boeuf, sauce piquante

Poêlée de Rognon de boeuf, Flambée au cognac

Bavette Poêlée à la fondue d'oignons

Troisième Assiette

Crème Caramel

Fraises au vin ou Fraises au sucre

Feuillantine aux pommes

Glace et sorbet artisanaux

Île flottante

Coupe normande

Arrivage Journalier de Poissons, d'Huîtres et de Fruits de Mer

---

Comme entrée:

Comme plat principal:

Comme légume:

Comme dessert:

E. Qu'est-ce qu'il y a encore? A customer was not listening well in *D. Qu'est-ce qu'il y a au menu?* and asks the following questions. Answer them according to the illustrations. You will then hear the correct response. Check your answer and write the form of the partitive article in the answer: **du, de la, de l', des** ou **de.**

Exemple VOUS ENTENDEZ: Est-ce qu'il y a du pâté?

VOUS DITES: **Non, il n'y a pas de pâté.**

VOUS ENTENDEZ: Non, il n'y a pas de pâté.

VOUS ÉCRIVEZ: **de**

1. _____   3. _____   5. _____

2. _____   4. _____   6. _____

COMPÉTENCE 2   *Buying food*

CD6-28 **A. Fruits et légumes.**   As you hear an item named, identify it as a fruit or a vegetable. After a pause for you to respond, you will hear the correct answer. Verify your response and your pronunciation.

Exemple   VOUS ENTENDEZ: Une carotte, c'est un fruit ou un légume?
              VOUS DITES: **Une carotte, c'est un légume.**
              VOUS ENTENDEZ: Une carotte, c'est un légume.

CD6-29 **B. Où sont-ils?**   You will hear four conversations in which people are buying food items in small shops. Write the number of each conversation in the blank next to the store where it takes place.

a. _____

b. _____

c. _____

d. _____

Now repeat this section and listen to the conversations again. Pause the recording and circle the items in the drawings that each customer buys. Then write the price in the blanks.

1. _____   3. _____

2. _____   4. _____

C. Quantités. Pause the recording and indicate the logical quantity to buy of each item. Circle the correct choice in italics. Then start the recording and verify your answers by repeating each item after the speaker.

Je voudrais *un litre / une douzaine* de lait.

Je voudrais *une bouteille / un paquet* de vin.

Je voudrais *un pot / une tranche* de jambon.

Je voudrais *un kilo / un gramme* de pommes de terre.

Je voudrais *une boîte / un pot* de confiture.

Je voudrais *un paquet / un verre* de sucre.

Je voudrais *une livre / une douzaine* d'œufs.

Je voudrais *un morceau / une carafe* de fromage.

D. Quel article? Repeat each question you hear and circle the article used in the question.

Exemple   VOUS ENTENDEZ: Est-ce que vous mangez beaucoup de viande?
              VOUS RÉPÉTEZ: **Est-ce que vous mangez beaucoup de viande?**
              VOUS INDIQUEZ:

	for likes and preferences				**for *some* or *any***				**for *not any* and after a quantity**
Exemple	le	la	l'	les	du	de la	de l'	des	(de)
1.	le	la	l'	les	du	de la	de l'	des	de
2.	le	la	l'	les	du	de la	de l'	des	de
3.	le	la	l'	les	du	de la	de l'	des	de
4.	le	la	l'	les	du	de la	de l'	des	de
5.	le	la	l'	les	du	de la	de l'	des	de

Now play this section again and answer each question with a complete sentence. Pause the recording as needed in order to have time to write your answers.

1. _____

2. _____

3. _____

4. _____

5. _____

COMPÉTENCE 3   *Talking about meals*

CD6-32 **A. Au petit déjeuner.** When asked, say that you would like some of each of the items pictured, using the correct form of the partitive, **du, de la, de l',** or **des.** After a pause for you to respond, you will hear the correct answer. Verify your response and your pronunciation and repeat.

Exemple   VOUS ENTENDEZ: Qu'est-ce que vous voulez?
              VOUS DITES: **Je voudrais du café au lait.**
              VOUS ENTENDEZ: Je voudrais du café au lait.
              VOUS RÉPÉTEZ: **Je voudrais du café au lait.**

1

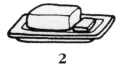
2

3

4

5

6

7

8

Now listen to a brief passage about French eating habits. Circle the pictures of all the items you hear mentioned.

CD6-33 **B. Prononciation: Le verbe *boire*.** Listen to a short passage comparing the types of drinks popular with Americans to those popular with the French. Then pause the recording. Imagine that a French person is speaking to an American. Complete each question or statement logically, by circling the appropriate choice in italics. Then, turn on the recording and verify your responses by repeating each sentence after the speaker. Pay particular attention to the pronunciation of the verb **boire.**

Le matin, je bois *du vin / du café*.

Est-ce que tu bois *du vin / du lait* le matin?

En France, on ne boit jamais *d'eau minérale / de lait* avec les repas.

Nous buvons souvent *du coca / du vin* avec un bon repas.

Vous buvez aussi *du vin / du coca* avec vos repas?

Les Français boivent quelquefois un café *avant / après* le dîner.

CD6-34 **C. Et André?** Rosalie is asking André about his eating habits. Answer for him affirmatively or negatively as indicated, using the pronoun **en** to replace the items mentioned. You will then hear the correct response. Check your answer and repeat again.

Exemple   VOUS VOYEZ: non
              VOUS ENTENDEZ: Bois-tu souvent de l'eau minérale au dîner?
              VOUS DITES: **Non, je n'en bois pas souvent.**
              VOUS ENTENDEZ: Non, je n'en bois pas souvent.
              VOUS RÉPÉTEZ: **Non, je n'en bois pas souvent.**

1. oui   **2.** non   **3.** oui   **4.** non   **5.** non   **6.** oui   **7.** non   **8.** oui

D. À quel repas? Say whether you generally eat or drink the item mentioned, and if so, at which meal. Use the pronoun **en** in your answers. Pause the recording to have enough time to respond.

Exemple   VOUS ENTENDEZ: Buvez-vous souvent du café?

VOUS ÉCRIVEZ: **Oui, j'en bois souvent au petit déjeuner et quelquefois au dîner. / Non, je n'en bois pas souvent.**

1. _____

2. _____

3. _____

4. _____

5. _____

E. On prend quelque chose? Listen to the conversation between Rose and Angèle as they decide where to go eat. Then pause the recording and indicate whether these statements are true or false by circling **vrai** or **faux**.

1. Angèle voudrait aller boire quelque chose.   vrai   faux

2. Rose suggère un café du quartier.   vrai   faux

3. Angèle n'aime pas les fast-foods.   vrai   faux

4. Angèle décide d'essayer un fast-food.   vrai   faux

F. Prononciation: Les verbes en *-ir*. Pause the recording and complete these statements with the correct form of the logical **-ir** verb. Then turn on the recording and check your work by repeating the sentences after the speaker. Pay attention to the pronunciation of the verbs. When you have finished, circle the three sentences in which the verb endings sound the same.

choisir / grandir / grossir / maigrir / obéir / réussir

1. Je prends du poids *(gain weight)*. Je _____.

2. Tu as beaucoup de succès dans tes études. Tu _____ à tous tes examens.

3. Ma fille devient plus grande. Elle _____.

4. Nous faisons toujours ce que nos parents veulent. Nous _____ toujours à nos parents.

5. Vous devenez plus maigre. Vous _____.

6. Mes parents sont au régime *(on a diet)*. Ils _____ des plats légers.

COMPÉTENCE 4 *Choosing a healthy lifestyle*

CD6-38 **A. Que veulent-ils faire?** Listen to what changes these people are making in their lifestyle and fill in the missing words. Then indicate what each wants to do: lose weight **(maigrir)**, gain weight **(grossir)**, become stronger **(devenir plus fort[e])**, or improve his or her health **(améliorer sa santé)**. Circle your answer. You may choose more than one response in some cases. Pause the recording between items to allow enough time to respond.

1. Henri essaie d'éviter _____,

   _____ et _____.

   Il voudrait: maigrir / grossir / devenir plus fort / améliorer sa santé

2. Yannick fait _____ et prend

   _____.

   Il voudrait: maigrir / grossir / devenir plus fort / améliorer sa santé

3. Rosalie mange moins de _____ et plus de plats

   _____ et _____.

   Elle voudrait: maigrir / grossir / devenir plus fort / améliorer sa santé

4. Rose est _____ et elle fait

   _____.

   Elle voudrait: maigrir / grossir / devenir plus fort / améliorer sa santé

5. André fait _____ tous les jours.

   Il voudrait: maigrir / grossir / devenir plus fort / améliorer sa santé

CD6-39 **B. Prononciation: Le conditionnel.** Pause the recording and decide whether people who want to improve their health would do these things. If they would, leave the sentence as it is. If they would not, place **ne... pas** in the blanks. Then turn on the recording and check your answers by repeating the statements after the speaker. Pay particular attention to the pronunciation of the endings of the verbs in the conditional.

Moi, je (j') _____ éviterais _____ le tabac.

Toi, tu _____ prendrais _____ de(s) repas copieux tous les jours.

Nous _____ irions_____ plus souvent au club de gym.

Vous _____ feriez _____ plus souvent de l'exercice.

Mes amis _____ mangeraient _____ beaucoup de matières grasses.

CD6-40 **C. Résolutions.** André has decided to improve his health. Here is what he told Rosalie he would do. Listen to each phrase, then pause the recording and fill in the missing verb in the conditional.

J'ai dit à Rosalie…

que je _____ plus de fruits et de légumes.

que je _____ des plats plus sains.

que mes repas _____ moins copieux.

que je _____ tous mes repas par un dessert.

que nous _____ plus souvent au club de gym.

qu'on _____ de l'exercice ensemble tous les jours.

CD6-41 **D. Rosalie et Rose préparent le repas.** Listen as Rosalie (**mamie**) and Rose discuss the dinner they are preparing. Then pause the recording and answer the questions with complete sentences in French.

1. Qu'est-ce qu'on peut manger qui a beaucoup de vitamines?

_____

2. Qu'est-ce que Rose fait comme exercice?

_____

3. Qu'est-ce que sa grand-mère fait comme exercice?

_____

4. Qu'est-ce que Rosalie voudrait diminuer *(cut back)*?

_____

5. Rose aussi mange trop de quelque chose. Qu'est-ce que c'est?

_____

CD6-42 **E. Et vous?** Answer the following questions with complete sentences in the conditional. Pause the recording in order to have enough time to respond.

1. _____

2. _____

3. _____

4. _____

En vacances

C O M P É T E N C E 1 *Talking about vacation*

CD7-2 **A. Que faire?** Listen to what several people like to do on vacation. Write each person's name under the picture of the corresponding activity.

a. _____

b. _____

c. _____

d. _____

e. _____

f. _____

Now pause the recording and listen again. This time, indicate where, according to the activities mentioned, the person named should spend his or her vacation. Place a √ in the appropriate column. You may choose more than one option. The first one has been done as an example.

	À LA CAMPAGNE	DANS UN PAYS ÉTRANGER OU EXOTIQUE	SUR UNE ÎLE TROPICALE OU À LA MER	À LA MONTAGNE	DANS UNE GRANDE VILLE
1.			√		
2.					
3.					
4.					
5.					
6.					

CD7-3 **B. Elle est dynamique!** Suzanne is very active and prefers physical activities. You will be asked which of two activities she prefers. After a pause for you to respond, you will hear the correct answer. Verify your response and your pronunciation and repeat.

Exemple   VOUS ENTENDEZ: Préfère-t-elle rester à l'hôtel ou faire des randonnées?
   VOUS DITES: **Elle préfère faire des randonnées.**
   VOUS ENTENDEZ: Elle préfère faire des randonnées.
   VOUS RÉPÉTEZ: **Elle préfère faire des randonnées.**

CD7-4 **C. Prononciation: Le futur.** Practice saying verbs in the future tense by repeating these sentences after the speaker.

_____ Je ferai un voyage en Afrique cet été.

_____ Tu viendras me chercher à l'aéroport.

_____ Le voyage sera assez long.

_____ Nous passerons beaucoup de temps ensemble.

_____ Ton ami Mukala et toi, vous visiterez la région avec moi.

_____ Les gens seront très sympas.

Now listen as Suzanne talks to Daniel about how her visit will be. Then pause the recording and look back at the preceding sentences. Mark an X in the blank next to any statement that reflects what Suzanne says.

CD7-5 **D. Une lettre de sa sœur.** You will hear Daniel read Suzanne's response to his letter. Pause the recording and reread Daniel's letter on page 333 of the textbook. Then read these sentences. After reading the sentences, turn on the recording.

_____ Ma vie professionnelle n'est pas idéale.

_____ J'aurais beaucoup de satisfaction à aider les gens qui en ont besoin.

_____ Je trouverais la culture africaine intéressante.

_____ Je suis sûre que j'y serais heureuse.

_____ La vie en Afrique serait peut-être trop difficile pour moi.

_____ Je veux mieux connaître la région avant de prendre ma décision.

Now listen to Suzanne's letter. Which items in the preceding list does Suzanne say are true or would be true if she moved to Africa? Mark those items with an X.

Play this section again. Then answer these questions in complete sentences in French.

1. Est-ce que Suzanne réfléchit sérieusement à la proposition de son frère?

_____

2. Est-elle contente de sa vie actuelle _(current)_?

_____

3. Donnez une raison pour laquelle Suzanne hésite à rester en Afrique.

_____

COMPÉTENCE 2   *Buying your ticket*

CD7-6 **A. Vous travaillez dans une agence de voyages.** Listen as someone orders a plane ticket on the phone. Fill in the form, checking off the options where appropriate. Rewind and listen again as needed.

Agence de voyages Explorado

Nom: _____   Prénom: _____

Destination: _____

Date: _____

Aller simple _____   aller-retour _____

Vol: matin _____   après-midi _____   soir _____

Classe: première _____   touriste _____

Paiement: chèque _____   carte de crédit _____

CD7-7 **B. Prononciation: Les verbes *savoir* et *connaître*.** Pause the recording and complete each sentence with the appropriate form of either **savoir** or **connaître.** Then turn on the recording and verify your answers by repeating the sentences after the speaker.

1. Je _____ une femme qui travaille en Afrique, mais je ne _____ pas dans quel pays elle est allée.

2. Est-ce que tu la _____? Tu _____ où elle travaille?

3. Elle ne te _____ pas mais elle _____ qui tu es.

4. Nous _____ ce qu'il faut faire mais nous ne _____ pas la région.

5. _____-vous la région? _____-vous où on peut acheter un plan?

6. Les gens d'ici _____ toute la région. Ils _____ où tout se trouve.

CD7-8 **C. Prononciation: Le *e* caduc.** Pause the recording and review the *Prononciation* section on page 338 of the textbook. Then turn on the recording and repeat these questions without pronouncing the crossed-out silent **e**'s.

1. Tu peux m¢ prêter ta voiture?

2. Tu vas m¢ téléphoner d¢main?

3. Tu vas v¢nir me voir ce soir?

4. Tu as des d¢voirs pour demain?

5. Je peux t¢ parler d¢ mes problèmes?

D. Réponses logiques.   Circle the logical response for each question or statement you hear.

1. **a.** Oui, tu m'entends bien.   **b.** Oui, je t'entends bien.

2. **a.** Tu vas venir me voir? Quelle surprise!   **b.** Oui, je vais te rendre visite.

3. **a.** Oui, je te rendrai visite.   **b.** Oui, j'irai te chercher.

4. **a.** N'aie pas peur! Je ne vais pas t'oublier *(to forget).*   **b.** Tu vas certainement m'oublier!

5. **a.** Oui, oui, je t'attendrai.   **b.** Non, tu ne m'attendras pas.

6. **a.** Non, merci, ne me rapporte *(bring back)* rien.   **b.** D'accord, je ne te rapporterai rien.

E. En retard.   Suzanne is at the airport picking up her friend, Alain, whose plane arrived late **(en retard).** Listen to their conversation, then pause the recording and answer the questions in complete sentences in French.

1. Est-ce que Suzanne a dû attendre longtemps?

_____

2. Qu'est-ce que Suzanne a fait avant de partir pour l'aéroport?

_____

3. Qu'est-ce qu'ils vont faire ensemble le lendemain?

_____

F. Suzanne organise son voyage.   Listen as Suzanne makes some inquiries and arrangements for her trip. Pause the recording and indicate whether these statements are true or false by circling **vrai** or **faux.** Listen to this section again as needed.

Suzanne téléphone à l'agence de voyages.

1. Il y a encore de la place sur le vol du 20 juillet.	vrai	faux
2. Suzanne veut rester huit jours à Abidjan.	vrai	faux
3. Suzanne dit à ses parents où elle va.	vrai	faux
4. Suzanne a déjà un passeport.	vrai	faux

Now play this section again. Then pause the recording and answer these questions.

1. Combien coûte le billet aller-retour?

_____

2. Quelle est la date du vol que Suzanne va prendre? Quand va-t-elle rentrer?

_____

COMPÉTENCE 3 *Preparing for a trip*

CD7-12 **A. Avant le départ ou à l'arrivée?** Suzanne is preparing for her trip. Decide whether each sentence you hear concerns something she does **avant son départ** or **à son arrivée** at the airport in Abidjan. Circle your answers.

1. avant son départ	à son arrivée	**4.** avant son départ	à son arrivée
2. avant son départ	à son arrivée	**5.** avant son départ	à son arrivée
3. avant son départ	à son arrivée	**6.** avant son départ	à son arrivée

Now listen to the sentences in this section again. Decide which of the options would be the most logical thing for Suzanne to do next. Circle your answer. Repeat this section as needed. Pause the recording between items to allow enough time to respond.

1. Maintenant, elle devrait...   **a.** montrer son passeport et passer la douane.

                            b. lire des guides touristiques et faire un itinéraire.

2. Maintenant, elle devrait...   **a.** faire sa valise.

                            b. emprunter de l'argent.

3. Maintenant, elle devrait...   **a.** payer le billet.

                            b. montrer son passeport et passer la douane.

4. Maintenant, elle devrait...   **a.** faire ses valises.

                            b. montrer son passeport.

5. Maintenant, elle devrait...   **a.** téléphoner à l'hôtel pour réserver une chambre.

                            b. changer un chèque de voyage.

6. Maintenant, elle devrait...   **a.** acheter un plan de la ville.

                            b. changer un chèque de voyage.

CD7-13 **B. Prononciation: Les verbes *dire, lire* et *écrire*.** Pause the recording and fill in the blanks with the correct form of the indicated verb. Then turn on the recording and verify your answers by repeating the sentences after the speaker. Pay attention to the pronunciation of the verbs.

dire	**lire**	**écrire**
Je _____ bonjour.	Je _____ le journal.	J'_____ une lettre.
Tu _____ bonjour.	Tu _____ le journal.	Tu _____ une lettre.
Elle _____ bonjour.	Elle _____ le journal.	Elle _____ une lettre.
Nous _____ bonjour.	Nous _____ le journal.	Nous _____ une lettre.
Vous _____ bonjour.	Vous _____ le journal.	Vous _____ une lettre.
Ils _____ bonjour.	Ils _____ le journal.	Ils _____ une lettre.

CD7-14 **C. De qui parle-t-elle?** Is Suzanne talking about her fiancé, whom she left in Paris, her brother, with whom she is staying in **Côte-d'Ivoire,** or her parents, who live in Paris? Repeat what you hear and circle the correct response.

Exemple VOUS ENTENDEZ: Je lui écris un e-mail presque tous les jours.

VOUS RÉPÉTEZ: **Je lui écris un e-mail presque tous les jours.**

VOUS INDIQUEZ: (son fiancé)   son frère   ses parents

1. son fiancé   son frère   ses parents   **4.** son fiancé   son frère   ses parents

2. son fiancé   son frère   ses parents   **5.** son fiancé   son frère   ses parents

3. son fiancé   son frère   ses parents   **6.** son fiancé   son frère   ses parents

CD7-15 **D. Fiancés.** Suzanne is talking about her relationship with her fiancé. How does she say what she does to or for him? Restate each sentence using an indirect object pronoun. Notice how a negated sentence is done in the second example. You will then hear the correct response. Check your answer and repeat.

Exemple A VOUS ENTENDEZ: Je prête de l'argent à mon fiancé.
VOUS DITES: **Je lui prête de l'argent.**
VOUS ENTENDEZ: Je lui prête de l'argent.
VOUS RÉPÉTEZ: **Je lui prête de l'argent.**

Exemple B VOUS ENTENDEZ: Je n'emprunte pas beaucoup d'argent à mon fiancé.
VOUS DITES: **Je ne lui emprunte pas beaucoup d'argent.**
VOUS ENTENDEZ: Je ne lui emprunte pas beaucoup d'argent.
VOUS RÉPÉTEZ: **Je ne lui emprunte pas beaucoup d'argent.**

Now you will hear Suzanne say again what she does to or for her fiancé. How does she also say that he does the same things to or for her?

Exemple A VOUS ENTENDEZ: Je lui prête de l'argent.
VOUS DITES: **Il me prête de l'argent aussi.**
VOUS ENTENDEZ: Il me prête de l'argent aussi.
VOUS RÉPÉTEZ: **Il me prête de l'argent aussi.**

Exemple B VOUS ENTENDEZ: Je ne lui emprunte pas beaucoup d'argent.
VOUS DITES: **Il ne m'emprunte pas beaucoup d'argent non plus.**
VOUS ENTENDEZ: Il ne m'emprunte pas beaucoup d'argent non plus.
VOUS RÉPÉTEZ: **Il ne m'emprunte pas beaucoup d'argent non plus.**

CD7-16 **E. *Lui* ou *leur*?** Answer the questions you hear about your vacation trips and preparations. Use the appropriate form of the indirect object pronoun, **lui** or **leur,** in your responses. Pause the recording between items to allow enough time to respond.

1. _____
2. _____
3. _____
4. _____
5. _____

COMPÉTENCE 4   *Deciding where to go on a trip*

CD7-17 **A. Où vont-ils?** You will hear a tourist describing his trip around the world. Starting in Paris, retrace his trip by drawing a line according to what he says. The first step of his trip has been done for you. Play this section again as needed.

Exemple   VOUS ENTENDEZ: Je suis parti de Paris le 25 mai. D'abord, j'ai pris le train pour la Belgique où j'ai passé deux jours à Bruxelles...

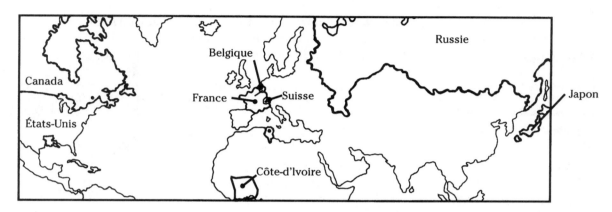

Now listen to this section again. Then pause the recording and complete these sentences with the name of the appropriate country preceded by the correct preposition. The first one has been done as an example.

1. Le 25 mai, il a pris le train de Paris à Bruxelles, **en Belgique.**

2. Le 28 mai, il a pris l'avion de Bruxelles à Montréal, _____.

3. Après, il a visité la Louisiane, _____.

4. Ensuite, il est allé à Tokyo, _____.

5. Après un séjour *(stay)* en Russie, il a pris le train pour Genève, _____.

6. Avant son retour à Paris, il a visité Abidjan, _____.

CD7-18 **B. Quelle ville est dans quel pays?** Suzanne's acquaintances live all around the world and they all know the city where they live very well. Pause the recording and complete the sentences with the correct form of the verb **connaître.** Then turn on the recording.

Exemple   Ma meilleure amie **connaît** très bien Genève.

1. Mon fiancé et moi, nous _____ très bien Paris.

2. Mon ex-petit ami _____ très bien la ville de New York.

3. Mon frère _____ très bien Abidjan.

4. Mes cousins _____ très bien Berlin.

5. Tu _____ très bien Dakar?

6. Vous _____ très bien Montréal?

Now listen to the sentences completed with **connaître**. After you hear each sentence, say that the same people know the country where they live very well and what language they know how to speak. Remember that you use the definite article when naming a country, unlike with cities.

Exemple   VOUS ENTENDEZ: Ma meilleure amie connaît très bien Genève.
              VOUS DITES: **Elle connaît très bien la Suisse. Elle sait parler français.**
              VOUS ENTENDEZ: Elle connaît très bien la Suisse. Elle sait parler français.
              VOUS RÉPÉTEZ: **Elle connaît très bien la Suisse. Elle sait parler français.**

C. Qu'est-ce qu'ils deviendront?   What will become of the various characters you have met in the different chapters of *Horizons*? Listen as you hear what will happen to them. After each item, pause the recording and fill in the missing words.

Chapitres 1 et 2: Annette _____ à Nice,

_____, où elle _____ professeur

d'anglais à l'université de Nice. David et elle _____.

Chapitres 3 et 4: Robert Martin _____

ses études à l'université Laval _____ Québec. Ensuite, il

_____ à Lafayette où il

_____ pour une grande

société internationale.

Chapitres 5 et 6: Alice Pérez et sa famille _____

à San Antonio, au Texas, et elle _____ beaucoup de

succès dans le commerce international.

Chapitres 7 et 8: Rosalie Toulouse et André Dupont

_____ le reste de leur vie _____ Normandie. Rosalie

_____ souvent _____

_____ pour voir sa famille _____ Atlanta, _____ Géorgie.

Chapitres 9 et 10:   Daniel _____ en Côte-d'Ivoire

où il _____ très heureux. Suzanne _____

_____ pour être avec son fiancé.

Après quelques mois, elle _____

avec son frère.

À l'hôtel

COMPÉTENCE 1 *Deciding where to stay*

CD7-20 **A. Quel genre d'hôtel?** You will hear short descriptions of several hotels. Indicate the category of each hotel by circling **un hôtel pas cher** or **un hôtel de luxe.**

1. un hôtel pas cher   un hôtel de luxe

2. un hôtel pas cher   un hôtel de luxe

3. un hôtel pas cher   un hôtel de luxe

un hôtel pas cher   un hôtel de luxe

Repeat this section and listen to the description of each hotel again. Fill in the blanks with the information about each hotel.

L'Hôtel Carayou

1. Combien de chambres y a-t-il? _____

2. Il y en a combien avec salle de bains? _____

3. Est-ce que le petit déjeuner est compris? _____

4. Où se trouve l'hôtel? _____

5. Quel est le prix d'une chambre? _____

L'Hôtel Amantine

1. Où se trouve l'hôtel? _____

2. Combien de chambres y a-t-il? _____

3. Il y en a combien avec salle de bains? _____

4. Est-ce que le petit déjeuner est compris? _____

5. Quel est le prix d'une chambre? _____

L'Hôtel Diamant

1. Où se trouve l'hôtel? _____

2. Combien de chambres y a-t-il? _____

3. Il y en a combien avec salle de bains? _____

4. Est-ce que le petit déjeuner est compris? _____

5. Quel est le prix d'une chambre? _____

B. La chambre. Listen as Suzanne talks to Daniel on the phone about her hotel room. Then pause the recording and indicate whether these statements are true or false by circling **vrai** or **faux.**

1. La chambre est grande.   vrai   faux

2. Suzanne ne va pas passer beaucoup de temps dans la chambre.   vrai   faux

3. Il y a une salle de bains mais il n'y a pas de douche.   vrai   faux

4. Il y a une belle vue sur la ville.   vrai   faux

C. Vous vous trompez! Your travel agent has confused your travel plans with those of another person. Correct each statement, describing your arrangements using a relative clause with **qui,** as in the example. You will then hear the correct response. Check your answer and repeat again.

Exemple

VOUS VOYEZ:	Le vol part à onze heures du matin.
VOUS ENTENDEZ:	Le vol que vous avez choisi part à sept heures du matin.
VOUS DITES:	**Non, j'ai choisi un vol qui part à onze heures du matin!**
VOUS ENTENDEZ:	Non, j'ai choisi un vol qui part à onze heures du matin!
VOUS RÉPÉTEZ:	**Non, j'ai choisi un vol qui part à onze heures du matin!**

1. La voiture coûte 65 euros par jour.

2. L'hôtel est près de l'Arc de Triomphe.

3. La chambre a un grand lit.

4. La chambre coûte 110 euros la nuit.

5. Le vol de retour part le 12 août.

6. L'agence de voyages est très mauvaise.

D. À l'hôtel. Listen to a conversation between two tourists about their hotel room and fill in the missing words. Pause the recording as needed in order to have enough time to respond.

ANNE-MARIE: Tu sais, je suis vraiment déçue *(disappointed)*! Regarde

_____! Nous

payons _____ la nuit

et _____ est toute petite.

SOPHIE: Et nous avons seulement _____. J'aurais préféré avoir

une baignoire *(bathtub)*.

ANNE-MARIE: Ah, oui, moi aussi! Tu as essayé _____? Ils ne sont vraiment

pas très _____!

SOPHIE: Écoute, demain on va _____. Tu as

_____?

ANNE-MARIE: Oui, bien sûr. Et toi, tu as _____?

SOPHIE: Oui, elle est là. Alors, demain on va chercher _____.

ANNE-MARIE: D'accord.

C O M P É T E N C E 2 *Going to the doctor*

CD7-24 **A. J'ai mal partout!** Where do the following people hurt? Repeat each sentence you hear and write its number under the corresponding illustration.

Exemple   VOUS ENTENDEZ: Il a mal à la main.
              VOUS RÉPÉTEZ: **Il a mal à la main.**
              VOUS ÉCRIVEZ:

a. _____   b. _____   c. <u>Exemple</u>   d. _____

e. _____   f. _____   g. _____   h. _____

CD7-25 **B. Un extra-terrestre.** A friend thinks she just saw an extraterrestrial. Listen to her description of this being from another planet and draw it. Play this section again as needed.

CD7-26 **C. Est-il nécessaire?** Daniel is explaining to M. Boko how to feel better and have more energy. Repeat each sentence and indicate whether Daniel is expressing a necessity or an interdiction by writing the number of each statement and **une nécessité** or **une interdiction** in the blank for the corresponding illustration.

Exemple   VOUS ENTENDEZ: Il vaut mieux que vous évitiez les matières grasses.

   VOUS RÉPÉTEZ: **Il vaut mieux que vous évitiez les matières grasses.**

   VOUS ÉCRIVEZ:

a

b

c

d

e

f

a. _____   d. <u>**Exemple: une nécessité**</u>

b. _____   e. _____

c. _____   f. _____

CD7-27 **D. Que faut-il faire?** Which of the solutions from each pair below would Daniel logically recommend to his patients so that they will feel better? Use **il faut**, as in the example. You will hear the correct response. Check your answer and repeat again.

Exemple   VOUS VOYEZ: aller chez le dentiste / boire moins de café

   VOUS ENTENDEZ: J'ai souvent mal à la tête et je dors mal.

   VOUS DITES: **Il faut que vous buviez moins de café.**

   VOUS ENTENDEZ: Il faut que vous buviez moins de café.

   VOUS RÉPÉTEZ: **Il faut que vous buviez moins de café.**

1. acheter d'autres chaussures / changer de lunettes

2. écrire moins / changer de lunettes

3. faire plus de sport / manger moins rapidement

4. travailler moins souvent sur l'ordinateur / fumer moins

5. fumer moins / boire moins d'eau

6. nager plus souvent / boire moins de café

7. travailler moins / aller chez le dentiste

COMPÉTENCE 3   *Expressing your desires*

CD7-28 A. Quelle est leur profession?   As you are asked, say what the people shown do as a profession. After a pause for you to respond, you will hear the correct answer. Verify your response and your pronunciation and repeat.

Exemple   VOUS ENTENDEZ: Ils sont peintres ou ils sont musiciens?
              VOUS DITES: **Ils sont musiciens.**
              VOUS ENTENDEZ: Ils sont musiciens.
              VOUS RÉPÉTEZ: **Ils sont musiciens.**

Exemple _____   1. _____   2. _____   3. **Alice**

4. _____   5. _____   6. _____

CD7-29 B. Professions.   You will hear descriptions of what people do. Name each person's occupation. You will then hear the correct response. Repeat and write the person's name under the corresponding illustration in *A. Quelle est leur profession?*

Exemple   VOUS ENTENDEZ: Alice travaille dans le commerce.
              VOUS DITES: **Alice est femme d'affaires.**
              VOUS ENTENDEZ: Alice est femme d'affaires.
              VOUS RÉPÉTEZ: **Alice est femme d'affaires.**
              VOUS ÉCRIVEZ CI-DESSUS *(ABOVE):*

CD7-30 C. Qu'est-ce qu'ils veulent?   Which of the two professions do the following individuals' parents want them to choose? You will hear the correct response. Check your answer and repeat.

Exemple   VOUS VOYEZ: avocate / mère de famille
              VOUS ENTENDEZ: Mes parents veulent que j'aie beaucoup d'enfants et que je
                                reste à la maison.
              VOUS DITES: **Ils veulent que je sois mère de famille.**
              VOUS ENTENDEZ: Ils veulent que je sois mère de famille.
              VOUS RÉPÉTEZ: **Ils veulent que je sois mère de famille.**

1. musicienne / ingénieur   5. médecin / femme d'affaires
2. avocat / médecin   6. ingénieur / père de famille
3. père de famille / acteur   7. femme d'affaires / médecin
4. ingénieur / professeur

Now the statements of what these individuals' parents want will be repeated with pauses. Write in the missing words in each one. Pause the recording as needed in order to respond.

1. Mes parents veulent que _____ dans leur groupe musical et que

   _____ ensemble.

2. Mes parents veulent que _____ et que

   _____ à l'avenir.

3. Mes parents veulent que _____

   et que _____ célèbre (*famous*).

4. Mes parents veulent que _____

   et que _____.

5. Mes parents veulent que _____

   et que _____ dans un grand hôpital.

6. Mes parents veulent que _____

   et que _____ pour la NASA.

7. Mes parents veulent que _____ vendeuse pour _____

   _____ et que _____.

CD7-31 **D. Et vous?**   Answer each question you hear with a complete sentence in French. Pause the recording between items in order to have enough time to respond.

1. _____

2. _____

3. _____

4. _____

5. _____

6. _____

COMPÉTENCE 4   *Giving directions*

CD7-32   **A. Pour indiquer le chemin.**   You are giving a friend directions. Answer each question affirmatively, using the imperative, as in the example. You will then hear the correct response. Check your answer and repeat.

Exemple   VOUS ENTENDEZ: Il faut prendre la rue Dupont?
　　　　　　　VOUS DITES: **Oui, prends la rue Dupont!**
　　　　　　　VOUS ENTENDEZ: Oui, prends la rue Dupont!
　　　　　　　VOUS RÉPÉTEZ: **Oui, prends la rue Dupont!**

CD7-33   **B. Des indications.**   Imagine that you are at Suzanne's hotel on the **Boulevard Angoulvant.** Listen to the directions and determine where you end up. Write the number of each set of directions on that place on the map.

Exemple   VOUS ENTENDEZ: Sortez de l'hôtel et tournez à droite. Descendez le boulevard Angoulvant jusqu'à l'avenue Terrasson de Fougères. Tournez à gauche et continuez tout droit. Traversez le Boulevard Clozel et ça va être sur votre gauche.

　　　　　　　VOUS ÉCRIVEZ:

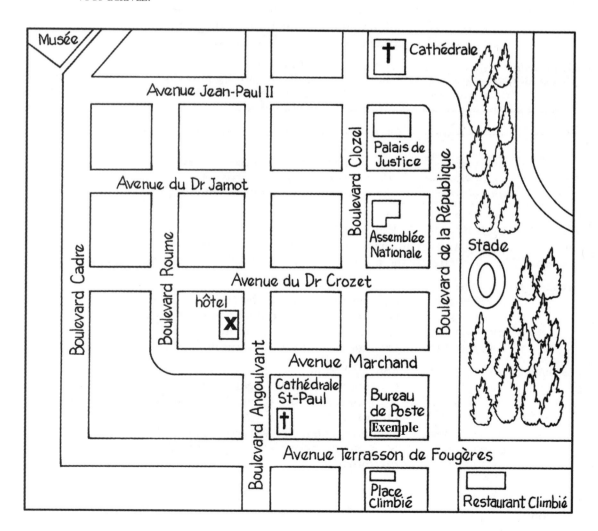

Now play this section again and fill in the missing words in each set of directions. Pause the recording as needed.

1. Sortez de l'hôtel et _____ sur le boulevard Angoulvant. Au premier _____, _____ sur l'avenue du Dr Crozet. Ensuite, _____ sur le boulevard Clozel et ça va être _____.

2. Sortez de l'hôtel et _____ sur le boulevard Angoulvant. _____ l'avenue Jean-Paul II. Là, _____. _____ le boulevard Clozel et ça va être _____.

CD7-34 **C. Encore des indications.** Suzanne is giving another tourist directions from the hotel to the stadium. Refer to the map in *B. Des indications* and answer each question, using the imperative. You will then hear the correct response. Check your answer and repeat.

Exemple	VOUS ENTENDEZ:	On va à droite ou à gauche sur le boulevard Angoulvant?
	VOUS DITES:	**Allez à gauche sur le boulevard Angoulvant.**
	VOUS ENTENDEZ:	Allez à gauche sur le boulevard Angoulvant.
	VOUS RÉPÉTEZ:	**Allez à gauche sur le boulevard Angoulvant.**

CD7-35 **D. En voyage.** You are traveling with a friend who always puts everything off as long as possible. What does your friend say to do in each case? Answer with a **nous**-form command and a direct object pronoun. You will then hear the correct response. Check your answer and repeat.

Exemple	VOUS ENTENDEZ:	On réserve la chambre d'hôtel avant de partir ou on la cherche après notre arrivée?
	VOUS DITES:	**Cherchons-la après notre arrivée!**
	VOUS ENTENDEZ:	Cherchons-la après notre arrivée!
	VOUS RÉPÉTEZ:	**Cherchons-la après notre arrivée!**

CD7-36 **E. À la réception.** The clerk at your hotel's front desk is asking if they should do the following things for you. Answer affirmatively or negatively with a **vous**-form command, as in the example. You will then hear the correct response. Check your answer and repeat.

Exemple 1	VOUS VOYEZ:	oui
	VOUS ENTENDEZ:	On vous montre votre chambre?
	VOUS DITES:	**Oui, montrez-moi ma chambre, s'il vous plaît.**
	VOUS ENTENDEZ:	Oui, montrez-moi ma chambre, s'il vous plaît.
	VOUS RÉPÉTEZ:	**Oui, montrez-moi ma chambre, s'il vous plaît.**

Exemple 2	VOUS VOYEZ:	non
	VOUS ENTENDEZ:	On vous sert le petit déjeuner dans votre chambre?
	VOUS DITES:	**Non merci, ne me servez pas le petit déjeuner dans ma chambre.**
	VOUS ENTENDEZ:	Non merci, ne me servez pas le petit déjeuner dans ma chambre.
	VOUS RÉPÉTEZ:	**Non merci, ne me servez pas le petit déjeuner dans ma chambre.**

1. oui   3. oui   5. non   7. oui
2. non   4. oui   6. oui   8. oui